Nordahl Lelandais

Du procès Noyer au procès Maëlys

Du même auteur

L'Affaire Daval, Éditions du Rocher, novembre 2020.

Aude Bariéty

Nordahl Lelandais

Du procès Noyer au procès Maëlys

éditions du
ROCHER

Éditions du Rocher
28, rue Comte-Félix-Gastaldi
BP 521 – 98015 Monaco

editionsdurocher.fr

ISBN : 978-2-268-10671-7
EAN epub : 9782268107134

À la famille Cochon.

Les prénoms

Il s'appelle Nordahl. Un prénom si peu commun qui fait désormais frissonner la France. Celui d'un homme de 38 ans reconnu coupable d'avoir tué un jeune caporal de l'armée de Terre. Celui d'un homme bientôt jugé pour avoir enlevé et tué une petite fille et agressé sexuellement plusieurs petites-cousines. Celui d'un homme qui a conduit à l'examen approfondi de dizaines de dossiers de personnes disparues. Un prénom aujourd'hui indissociable d'un nom de famille : Lelandais.

Il s'appelait Arthur. Un prénom simple pour un jeune homme sans histoires, décrit par ses proches comme souriant, sociable et plein de vie. Un garçon né et élevé à Bourges, entouré de ses parents, **Didier** et **Cécile** Noyer, et de son petit frère **Quentin**. Un militaire qui a eu le malheur de croiser le chemin de **Nordahl** Lelandais le 12 avril 2017, après une soirée passée dans des établissements de nuit de Chambéry. En mai 2021, la cour d'assises de la Savoie a condamné **Nordahl** Lelandais à vingt années de réclusion criminelle pour le meurtre d'**Arthur** Noyer. Un verdict définitif, aucun appel n'ayant été interjeté.

Elle s'appelait Maëlys. Un prénom qui peut s'écrire de mille façons. Pour leur fille cadette, **Joachim** De Araujo et **Jennifer** Cleyet-Marrel ont choisi un e avec tréma et un seul l suivi d'un y. C'est cette orthographe qui figure sur la pierre tombale de la petite fille, éternellement âgée de 8 ans. Cette orthographe encore qui, depuis la fin du mois d'août 2017, s'étale en grosses lettres dans la presse, souvent sous l'une des quelques photos rendues publiques de la fillette brune à la peau mate. Cette orthographe toujours qui figure sur les nombreux tomes de la procédure consacrée à l'enfant. Du 31 janvier à la mi-février 2022, **Nordahl** Lelandais comparaîtra devant la cour d'assises de l'Isère pour l'enlèvement et le meurtre de la fillette. Un procès qui s'annonce plus suivi encore que celui du meurtre du caporal Noyer.

Elles s'appellent Jeanne, Fanny, Charlotte. Trois prénoms inventés, pour tenter de préserver ces trois jeunes filles, dont les visages sont inconnus du grand public. Leur cousin, **Nordahl** Lelandais, est accusé de les avoir agressées sexuellement au cours de l'année 2017. Dans les cas de **Jeanne** et **Fanny,** il sera jugé pour « agressions sexuelles sur mineur de 15 ans[1] » au cours du « procès Maëlys », à Grenoble, en janvier-février 2022. En revanche, l'instruction concernant **Charlotte** est toujours en cours à

1. Expression consacrée qui signifie « mineur de moins de 15 ans ».

Charleville-Mézières, sans qu'une date d'audience n'ait pour l'heure été fixée.

Elle s'appelait Ariane. Un prénom certes, mais en l'occurrence plutôt un fil… Celui que des enquêteurs de la gendarmerie ont tenté de trouver entre Nordahl Lelandais et des affaires de disparitions non élucidées. Réunis au sein d'une cellule dite **Ariane** à partir du début de l'année 2018, ces enquêteurs ont sélectionné une quarantaine de dossiers qu'ils ont épluchés minutieusement. Lesquels précisément ? Mystère. Les noms de **Jean-Christophe** Morin**, Ahmed** Hamadou, **Éric** Foray, **Lucie** Roux, **Adrien** Fiorello, **Nelly** Balmain, **Thomas** Rauschkolb… ont été évoqués. Qu'elles aient ou non été réellement étudiées dans le cadre de la cellule **Ariane**, ces affaires ont en tout cas bénéficié d'une attention renouvelée dans les juridictions concernées et dans les médias, permettant parfois de faire émerger de nouvelles pistes. Quoi qu'il en soit, ces investigations n'ont pas permis de mettre en cause **Nordahl** Lelandais dans d'autres dossiers que ceux d'**Arthur,** de **Maëlys,** de **Jeanne,** de **Fanny** et de **Charlotte.** Et la cellule a fini par être dissoute en octobre 2020, pour être remplacée par une division pérenne consacrée aux *cold cases*, nommée… **Diane.**

PARTIE I

2017-2021

Le mariage

Pour le grand public, c'est là où tout a commencé. Le Pont-de-Beauvoisin. Une commune de l'Isère à ne pas confondre avec sa voisine homonyme, située en Savoie. Deux petites villes seulement séparées par… un pont, qui enjambe une rivière, le Guiers. Ce 26 août 2017, la salle polyvalente du Pont-de-Beauvoisin isérois est louée par Eddy et Anne-Laure pour y célébrer leur union. Dans l'après-midi, après la cérémonie, de nombreux invités rejoignent cette salle moderne, située à quelques centaines de mètres du centre-ville, derrière un long portail vert.

Parmi eux, la famille De Araujo, venue du Jura où elle habite désormais après avoir quitté l'Isère : Joachim De Araujo, technicien en fibre optique, Jennifer Cleyet-Marrel, infirmière, et leurs deux filles, Colleen, 12 ans, et Maëlys, 8 ans. Cette dernière est décrite comme une petite fille joyeuse, pleine de vie, proche de ses parents et de sa sœur, passionnée par le football et les animaux.

À 3 heures du matin, la soirée décline doucement. De nombreux invités et la baby-sitter sont désormais partis. Certains enfants sont couchés, d'autres sont encore debout, mêlés aux derniers fêtards. Jennifer Cleyet-Marrel s'inquiète de ne pas voir sa fille Maëlys parmi eux. Elle demande au DJ de faire passer une annonce, lance des premières recherches auxquelles participent les convives encore présents. Mais la petite fille reste introuvable. Prévenus, les gendarmes arrivent à 4 h 25.

Quelques heures plus tard, un appel à témoins est lancé. « Toute personne disposant d'informations est priée de contacter la gendarmerie de Pont-de-Beauvoisin », peut-on lire à côté de la photo de la fillette et de son descriptif – 1,30 m, 28 kg, yeux marron, cheveux châtains, peau mate. Parallèlement, les environs de la salle des fêtes sont scrupuleusement fouillés. Mobilisés, deux chiens Saint-Hubert ne détectent pas de pistes au-delà de la salle et du parking, poussant les enquêteurs de la section de recherches (SR) de Grenoble à privilégier l'hypothèse selon laquelle Maëlys aurait quitté les lieux à bord d'un véhicule.

Les riverains, les invités d'Eddy et Anne-Laure ainsi que les participants à deux autres fêtes s'étant déroulées dans les environs sont interrogés. Plusieurs convives du mariage mentionnent avoir vu la petite fille discuter avec un homme qui lui montrait des photos de chiens sur son portable. Cet homme, c'est Nordahl Lelandais. Un ancien maître-chien de l'armée âgé de 34 ans, désormais intérimaire, qui vit toujours chez ses parents, dans une maison à un étage située sur un chemin tranquille de la commune de Domessin (Savoie).

Entendu une première fois comme témoin le dimanche 27 août dans l'après-midi, il déclare ne pas connaître

Maëlys et ne pas avoir échangé avec elle au cours de la soirée de mariage. Peu après son audition, il est vu dans une station-service laver en profondeur son Audi A3. Réentendu le lundi 28 août en fin d'après-midi, après une perquisition à son domicile et la saisie de sa voiture, il admet avoir discuté de ses chiens avec une enfant et explique qu'il a nettoyé son véhicule car il devait le vendre à une de ses connaissances.

Le jeudi 31 août dans la matinée, Nordahl Lelandais est placé en garde à vue. Si l'information fuite rapidement dans la presse, avant d'être confirmée par le parquet de Bourgoin-Jallieu, le nom du principal intéressé n'est pas immédiatement révélé. « Cette mesure [de garde à vue, NDLA] n'a été possible qu'à la suite d'un lourd travail de recoupement des informations découlant des auditions des personnes présentes à la soirée », précise la procureure de Bourgoin-Jallieu, Dietlind Baudoin, dans un communiqué.

L'interrogatoire du Savoyard a « pour objet essentiel de clarifier [son] emploi du temps », l'homme s'étant « absenté de la soirée sur des créneaux horaires pouvant correspondre à la disparition de Maëlys », explique la magistrate, qui ajoute qu'« à ce jour, il convient toutefois de rester prudent ». Nordahl Lelandais est d'ailleurs relâché le lendemain, mais reste étroitement surveillé par les enquêteurs tandis que les investigations se poursuivent activement.

Ces investigations donnent rapidement un premier résultat probant : une trace ADN de Maëlys est retrouvée sur le bouton d'allumage des feux de la voiture de Nordahl Lelandais. Le dimanche 3 septembre au petit matin, le trentenaire est à nouveau interpellé et placé en garde à vue. Il explique alors que la fillette et un petit garçon qu'il décrit comme blond sont montés à bord de son Audi pour vérifier si ses chiens s'y trouvaient. Cette fois, Nordahl Lelandais ne recouvre pas la liberté. Mis en examen pour « enlèvement, séquestration ou détention de mineur de 15 ans », il est placé en détention provisoire par un juge des libertés et de la détention.

Dès les jours suivants, les parties en présence se dotent chacune d'un avocat. Les De Araujo sollicitent Me Fabien Rajon, avocat au barreau de Lyon depuis 2008. « Le 4 septembre, j'ai été contacté par la maman de Maëlys, qui me connaissait par le bouche-à-oreille. J'ai rencontré la famille dès le lendemain, chez les grands-parents maternels », raconte Me Rajon, qui n'hésite pas une seconde avant d'accepter de défendre ces nouveaux clients. « Cette affaire était en cohérence avec mon parcours professionnel, puisque l'activité de mon cabinet se concentre sur la défense des intérêts des victimes dans le cadre des affaires pénales. Et à partir du moment où il y avait une ouverture d'information judiciaire et une mise en examen, il y avait un intérêt à ce que j'intervienne aux côtés des De Araujo, notamment pour avoir accès au dossier et savoir ce qui était objectivement reproché à Nordahl Lelandais. »

Premier souvenir de l'avocat : « J'ai évidemment senti les membres de la famille très affectés, à la fois par le drame qui se nouait et par l'ampleur médiatique de cette affaire. Ils étaient à bout de forces. Mais ils avaient malgré tout une forme d'espoir que Maëlys puisse réapparaître. Le scénario d'un enlèvement se soldant par une libération figurait parmi les hypothèses possibles, envisageables. Le temps avançant, cette hypothèse s'est hélas réduite… »

De son côté, Nordahl Lelandais rencontre le 15 septembre celui qui va devenir son conseil, Me Alain Jakubowicz. Dans son livre publié en novembre 2019 aux éditions Plon, *Soit je gagne soit j'apprends*, ce dernier [qui n'a pas souhaité s'exprimer dans cet ouvrage, NDLA] explique que c'est un de ses anciens clients qui l'a appelé pour le mettre en contact avec la famille Lelandais. Lors du rendez-vous, le suspect clame son innocence. « Mon rôle d'avocat n'était pas de le croire ou de ne pas le croire, souligne l'avocat lyonnais dans son livre. En l'état, je ne pouvais que prendre acte de la ligne de défense qui m'était fixée. »

Le 28 septembre, à Lyon, les parents de Maëlys donnent une première conférence de presse. Expliquant qu'ils n'ont pas souhaité communiquer plus tôt pour « protéger [leur] vie privée, celle de [leur] fille aînée et de tous [leurs] proches », mais aussi pour « respecter le travail des enquêteurs et des juges », Joachim De Araujo remercie « très sincèrement et chaleureusement tous ceux qui ont participé, participent et participeront aux recherches et aux investigations », ainsi que les personnes qui les entourent depuis la disparition de Maëlys. « Les messages de soutien qui nous sont parvenus de la part de nos amis, de notre famille mais aussi d'anonymes partout en France nous ont fait chaud au cœur et nous aident à rester debout », insiste le père de la fillette, vêtu d'une chemisette rayée.

La mère de Maëlys, en haut gris, s'adresse quant à elle directement à Nordahl Lelandais. « Nous lui demandons de dire tout ce qui s'est passé cette nuit-là et de coopérer avec la justice. Nous ne disons pas que nous recherchons un coupable à tout prix et sans preuves valables. [...]

Toutefois, au vu des dernières révélations du dossier et aussi de son attitude étrange lors du mariage, nous lui demandons de révéler ce qu'il sait. Son comportement depuis le début de [l'affaire] ne nous convainc pas de sa bonne foi et de sa volonté de participer sérieusement à l'enquête. Cela nous laisse à penser qu'il pourrait détenir des informations importantes et pouvant nous aider à retrouver notre fille. »

Jennifer Cleyet-Marrel conclut en évoquant Maëlys avec beaucoup d'émotion. « Tous ceux qui nous regardent actuellement doivent savoir que nous nous battons pour retrouver notre fille, qui va avoir 9 ans le 5 novembre. Elle est joyeuse, dynamique, sportive. Elle adore les animaux et pense que tous ceux qui aiment les animaux sont dignes de confiance. Elle est généreuse, aime aider les autres et est toujours prête à faire la fête. Elle nous manque terriblement. Nous pensons à elle chaque jour, chaque seconde. »

Les semaines passent, puis arrive le 30 novembre 2017, l'une des dates clés de l'affaire Maëlys. Ce jeudi-là, les événements s'enchaînent. La chambre d'instruction de la cour d'appel de Grenoble annule les procès-verbaux des quatre premières auditions de garde à vue de Nordahl Lelandais, en raison d'une irrégularité procédurale : ces auditions n'ont pas été filmées. Or, l'article 64-1 du Code de procédure pénale dispose qu'en matière criminelle, « les auditions des personnes placées en garde à vue réalisées dans les locaux d'un service ou d'une unité de police ou de gendarmerie exerçant une mission de police judiciaire font l'objet d'un enregistrement audiovisuel ».

Parallèlement, les juges d'instruction interrogent le mis en cause pour la première fois depuis son placement en détention provisoire. Tout au long de cette audition, qui commence à 10 heures du matin, Nordahl Lelandais nie les faits qui lui sont reprochés. « Il s'est longuement expliqué, c'est un homme qui s'exprime calmement, avec beaucoup de sang-froid, et qui a maintenu toutes ses dénégations », décrit le procureur de Grenoble Jean-Yves Coquillat, qui tient une conférence de presse dans la foulée de l'interrogatoire.

« Les investigations se sont rapidement portées sur un invité au mariage, quelqu'un qui s'était invité lui-même d'ailleurs, Nordahl Lelandais. [...] L'élément matériel qui a permis de mettre en cause Nordahl Lelandais était la présence du profil ADN de Maëlys sur un bouton [du] tableau de bord du véhicule Audi de Nordahl Lelandais. Ce dernier avait indiqué que l'enfant était montée dans sa voiture avec un autre enfant blond pour voir les chiens. Les chiens n'étant pas là, ils en étaient ressortis », commence le magistrat.

Ce dernier explique que les investigations « se sont attachées à donner une chronologie précise » de la soirée du drame. Dans la nuit du 26 au 27 août, Nordahl Lelandais a fait un premier aller-retour de la salle des fêtes à son domicile entre 21 h 49 et 22 h 08, puis un deuxième entre 22 h 33 et 23 h 09, c'est-à-dire plusieurs heures avant la disparition de Maëlys. Quand exactement la petite fille s'est-elle volatilisée ? À cette question cruciale, le procureur répond : 2 h 45. « Pour nous, 2 h 45 correspond, en dehors de deux témoignages, à l'heure à laquelle l'enfant n'a plus été vue sur place », déclare Jean-Yves Coquillat. Cet horaire est « contesté par Nordahl Lelandais, qui estime que l'enfant a disparu plus tard », souligne le magistrat.

À 2 h 46 et 12 secondes, Nordahl Lelandais met son téléphone en mode avion. À 2 h 47, son véhicule est filmé par une caméra de vidéosurveillance du centre-ville de Pont-de-Beauvoisin. Si lui affirme qu'il ne s'agissait pas de sa voiture, « un certain nombre d'éléments » – autocollants, jantes, défaut d'éclairage de la plaque arrière... – laissent penser qu'il s'agit bien de l'Audi A3 du trentenaire, glisse le procureur. Les images de vidéosurveillance ne permettent pas de distinguer le conducteur, mais elles montrent « une silhouette frêle de petite taille qui est vêtue d'une robe blanche » sur le siège passager avant.

À 3 h 24 et 29 secondes, la voiture est à nouveau filmée par la même caméra, « dans le sens du retour », mais, cette fois, « le conducteur est seul ». Quelques secondes plus tard, Nordahl Lelandais désactive le mode avion de son portable, qui borne alors sur une cellule de relais couvrant la salle des fêtes du Pont-de-Beauvoisin. À 3 h 50, la disparition de Maëlys est signalée à la gendarmerie ; les invités du mariage la cherchent depuis déjà de longues minutes. À 3 h 57, l'ancien maître-chien quitte définitivement le mariage et remet son téléphone en mode avion. À 7 h 06, l'appareil est réactivé et borne dans la zone du domicile des Lelandais. Pourquoi activer puis désactiver ainsi le mode avion ? Pour économiser de la batterie, selon le mis en cause.

Le déroulé de la journée du dimanche 27 août est tout aussi suspect. Comme les autres invités du mariage, Nordahl Lelandais est entendu par les gendarmes en tant que témoin de la disparition de la petite Maëlys. Après cette audition, il nettoie sa voiture « à fond » – selon l'expression du procureur – dans une station-service, de 17 h 23 à 19 h 45. Il emporte avec lui « les lingettes qui lui ont servi à nettoyer son véhicule », qu'il jette ensuite d'après lui à son domicile. Le lundi 28 août, il demande la résiliation de la ligne téléphonique qu'il a utilisée dans la nuit du 26 au 27 août.

« Au vu de ces éléments », la qualification retenue à l'encontre de Nordahl Lelandais s'alourdit : le suspect est mis en examen par les trois juges d'instruction pour « meurtre précédé d'un crime », en l'occurrence « enlèvement, détention ou séquestration d'un mineur de 15 ans ». Enquêteurs, représentants du ministère public, magistrats instructeurs n'ont plus d'espoir de retrouver Maëlys en vie, comme en témoigne cette terrible phrase de Jean-Yves Coquillat : « L'instruction se poursuit activement. Il sera difficile de retrouver… disons-le, le corps de la fillette, si nous ne savons pas où chercher. »

Quelques jours après cette conférence de presse, le 4 décembre 2017, Me Jakubowicz rompt son silence habituel et se rend sur BFMTV pour exposer sa version des faits. « Lorsque le procureur de la République en personne vient devant la presse énoncer des choses objectivement totalement contraires à la réalité du dossier, je ne peux plus le supporter », explique-t-il, qualifiant la chronologie du magistrat d'« interprétation jetée en pâture aux Français ».

Rentrant dans les détails, l'avocat cite des témoignages de membres de la famille de Maëlys selon lesquels l'enfant était encore dans la salle des fêtes à 2h45 et même à 3h15 du matin. « Toute l'accusation du procureur de la République repose sur ce postulat selon lequel l'enfant a disparu à 2h45. À partir de là, Nordahl Lelandais devient l'ennemi public n° 1, il est voué aux gémonies, toute la France hurle contre lui. On oublie simplement que, à 3h15, on voit Maëlys au mariage ! insiste Me Jakubowicz. Donc ça veut dire qu'elle a disparu entre 3 h 15 et 3 h 30. Et à 3 h 30, Nordahl Lelandais est sur place, tout le monde le voit. » *Quid* de la petite silhouette aperçue sur le siège passager avant de l'Audi A3 ? « Ce n'est pas vrai que l'on distingue une enfant, on distingue une passagère », s'emporte le conseil du mis en examen, qui s'arrête sur les cheveux, le décolleté de la robe de cette passagère pour tenter de prouver qu'il ne s'agit pas de Maëlys.

Quelques semaines plus tard, toute cette défense s'effondrera comme un château de cartes. Dans son ouvrage *Plus je gagne, plus j'apprends* (éditions Plon), Me Jakubowicz consacre quatre pages à cet épisode. Sur l'heure de la disparition : « Il ne s'agissait pas de deux témoins peu fiables, mais de toute une série de témoignages qui se confortaient. [...] Le seul enseignement à en tirer aujourd'hui, c'est l'incroyable fragilité des témoignages humains », insiste l'avocat. Sur la silhouette : « Emporté par ma démonstration, j'ai commis l'erreur de donner à l'antenne mon interprétation de l'image. [...] Je n'aurais pas dû le faire », concède-t-il, avant de conclure : « Le temps viendra où tout le dossier sera débattu contradictoirement. Pas sur des plateaux de télévision, mais dans une enceinte de justice. Pas devant l'opinion publique, mais devant des juges et des jurés. Chacun pourra, alors, se forger son opinion. »

Le caporal

Pendant qu'en Isère, les investigations liées au dossier Maëlys suivent leur cours, une affaire vieille de quelques mois resurgit en Savoie : la disparition d'Arthur Noyer, survenue dans la nuit du 11 au 12 avril 2017 près de Chambéry. Le jeune homme de 23 ans est originaire de Bourges (Cher). En mars 2014, il a rejoint le 13e bataillon de chasseurs alpins (13e BCA), une unité de l'armée de Terre spécialisée dans le combat en montagne et basée à Barby, une commune savoyarde de l'agglomération de Chambéry. Il a été promu caporal en 2016.

Décrit comme plein de vie, souriant, bien intégré dans son unité, il a passé sa soirée du mardi 11 avril 2017 avec certains de ses frères d'armes, d'abord au bataillon, puis dans plusieurs bars de Chambéry, et enfin dans une discothèque de la ville située au Carré Curial, une caserne du XIXe siècle réhabilitée. Peu avant 3 heures du matin, il a quitté la boîte de nuit et aurait décidé de faire du stop pour regagner Barby. Mais, le lendemain matin, il manquait à l'appel… Il a alors été administrativement classé comme déserteur de l'armée.

À la fin de l'été 2017, les enquêteurs de Chambéry chargés des investigations sur la disparition d'Arthur Noyer font le lien entre l'Audi A3 de Nordahl Lelandais et celle visible dans des images de vidéosurveillance datant de la nuit de la disparition du caporal. « Sans l'Audi A3, c'était le crime parfait », glisse Me Bernard Boulloud, l'avocat de la famille Noyer. À cet élément central s'ajoutent d'autres indices. Le téléphone du mis en cause dans l'affaire Maëlys a notamment borné près de la discothèque où Arthur Noyer a passé sa dernière soirée. Son historique de navigation fait par ailleurs apparaître des recherches sur la décomposition d'un corps humain.

Mi-décembre, Nordahl Lelandais est extrait de sa prison de Saint-Quentin-Fallavier pour être placé en garde à vue dans l'affaire Noyer. Parallèlement, les résultats de l'analyse d'un crâne retrouvé en septembre sur un chemin de randonnée situé près de Montmélian (Savoie) révèlent qu'il s'agit de celui du caporal. À l'issue de cette garde à vue, Nordahl Lelandais est présenté à un juge d'instruction, puis mis en examen pour « assassinat ». Le dossier Noyer rejoint officiellement le dossier Maëlys au rang des « affaires Lelandais ». Les autorités évoquent désormais ouvertement la possibilité que le trentenaire soit impliqué dans d'autres disparitions inexpliquées. Lors d'une conférence de presse, Thierry Dran, le procureur de Chambéry, indique : « Nous allons regarder toutes les disparitions inquiétantes qui ont pu avoir lieu dans la région. »

Bouleversée, la famille Noyer, qui remuait ciel et terre depuis le mois d'avril pour savoir ce qui était arrivé au jeune homme, s'exprime devant la presse depuis Bourges. « Notre cher Arthur est décédé. Arthur, mon grand, nous avons toujours gardé espoir de te revoir un jour, nous savons aujourd'hui que nous ne te reverrons plus jamais. Je ne trouve pas de mots pour exprimer notre immense chagrin. Nous sommes fiers de toi, nous t'aimons fort. Essaie de reposer en paix. Nous faisons confiance aux enquêteurs et à la justice », déclare Cécile Noyer, la mère du disparu.

De son côté, fidèle à la ligne qu'il a adoptée dans l'affaire Maëlys, Nordahl Lelandais nie toute implication dans la mort d'Arthur Noyer. L'avocat de l'ancien maître-chien, Me Alain Jakubowicz, dépose d'ailleurs le 17 janvier 2018 une demande de remise en liberté. Sans surprise, cette requête est rejetée à deux reprises, le 23 janvier par un juge des libertés et de la détention puis le 9 février par la chambre de l'instruction de la cour d'appel de Grenoble.

Les aveux

Les De Araujo ne le savent pas encore mais, en ce mois de février 2018, l'affaire qui les ronge depuis près de six mois est sur le point de basculer. Les magistrats instructeurs ont fait entièrement désosser l'Audi de Nordahl Lelandais. Dans le coffre du véhicule, une tache de sang a été retrouvée. Les experts de l'Institut de recherche criminelle de la gendarmerie nationale (IRCGN) ont déterminé que ce sang était celui de Maëlys.

La juge d'instruction en charge du dossier convoque alors dans son cabinet les parents de la fillette et leur avocat pour « évoquer cet élément important du dossier, de nature à établir de manière certaine l'implication de Nordahl Lelandais dans la mort de la petite Maëlys », se souvient Me Rajon. De son côté, lorsqu'il prend connaissance de ce nouvel élément, Me Jakubowicz se rend à la prison de Saint-Quentin-Fallavier pour s'entretenir avec son client. Nordahl Lelandais « comprend que la partie est terminée et qu'il a perdu », raconte l'avocat dans son livre,

Soit je gagne, soit j'apprends (éditions Plon). Me Jakubowicz fait alors savoir aux magistrats instructeurs que son client souhaite être entendu.

Un récit confirmé par le procureur de Grenoble, Jean-Yves Coquillat, lors de sa conférence de presse du 14 février au soir. « Nordahl Lelandais devait être réentendu par les juges d'instruction la semaine prochaine [mais] il a demandé, par l'intermédiaire de son avocat, aux magistrats instructeurs de l'entendre aujourd'hui car il avait des révélations à faire et il voulait conduire la justice à l'endroit où il avait déposé le corps de Maëlys, disait-il », souligne le parquetier.

Devant les magistrats instructeurs, en ce 14 février, Nordahl Lelandais passe aux aveux. En pleurs, il reconnaît avoir ôté la vie à Maëlys, mais assure qu'il a tué la petite fille involontairement – « c'est son terme », précise le procureur. Il présente ses excuses aux parents de la fillette, à Maëlys elle-même et aux juges. Il explique avoir déposé la dépouille près de chez lui, être revenu à la salle polyvalente du Pont-de-Beauvoisin où se déroulait le mariage, puis avoir récupéré le corps et l'avoir dissimulé « dans la forêt, dans un lieu montagneux, en l'espèce dans le massif de la Chartreuse ». Le suspect refuse de s'expliquer plus en détail sur la manière dont la mort de la petite fille est survenue, indiquant « qu'il souhaite d'abord que le corps de Maëlys soit retrouvé et qu'il s'expliquera ultérieurement ».

L'ancien maître-chien emmène donc enquêteurs, magistrats et avocats dans la zone où il a dissimulé la dépouille de la fillette. « Il nous a fallu la journée pour qu'il retrouve l'endroit, [...] une espèce de petit ravin, extrêmement reculé », situé sur la commune d'Attignat-Oncin (Savoie), raconte Jean-Yves Coquillat. « Les recherches étaient rendues très difficiles par la neige tombée cette nuit. Il a fallu faire déneiger la route permettant d'y accéder. Les juges sont montés à pied. » En fin de journée, grâce à des « chiens spéciaux », un crâne d'enfant et un os sont découverts.

« Nous savons donc que Maëlys est morte, déclare gravement le procureur. Ça a été une journée dense, éprouvante et émouvante pour tout le monde, juges d'instruction, enquêteurs qui, depuis le début de cette affaire, ne ménagent pas leurs efforts ; les conditions atmosphériques ne nous ont pas facilité la tâche. Aujourd'hui, nous pouvons apporter une réponse, hélas une triste réponse, aux parents. Naturellement l'instruction va se poursuivre. Il faudra déterminer les conditions de la mort et répondre à un certain nombre de questions qui restent posées. »

Dans la foulée, Me Alain Jakubowicz tient à son tour une conférence de presse. Il confirme les déclarations de Jean-Yves Coquillat, décrivant lui aussi une journée « éprouvante », « pénible » et « douloureuse ». « Je serai aux côtés de Nordahl Lelandais » pour la suite du dossier, après cette « étape » majeure, assure-t-il face aux caméras.

Dans la soirée, la mère de la victime s'exprime par le biais de son compte Facebook. « Il aura fallu attendre cinq mois et demi pour que ce monstre parle enfin, écrit-elle. Toi l'assassin de ma fille : Maëlys va te hanter nuit et jour dans ta prison jusqu'à ce que tu crèves et que tu ailles en enfer. Maëlys avait la vie devant elle tu nous l'as arrachée, on ne la verra plus jamais. À cause de toi, je ne pourrai plus la serrer dans mes bras et lui dire à quel point je l'aime. » Dans ce texte, Jennifer Cleyet-Marrel s'adresse aussi directement à sa fille. « Mon petit ange, je n'ai pas pu te protéger de ce prédateur et cette culpabilité me poursuivra encore très longtemps. [...] Maëlys, je suis fière de toi mon poussin. Tu es si belle, si souriante. Tu es ma merveille, mon rayon de soleil. Tu seras toujours dans mon cœur. [...] Tu nous manques tellement [...] Quatre cœurs unis pour la vie pour toujours. »

Le 8 mars, aux côtés de leur avocat, Me Fabien Rajon, les parents de la disparue, qui arborent tous deux des tee-shirts à l'effigie de leur fille, tiennent une nouvelle conférence de presse. « Nous avons perdu tout espoir de revoir [Maëlys] un jour à cause de ce monstre. [...] Nous avons eu la chance de te donner la vie et de partager ton quotidien pendant neuf ans. Tous les quatre, nous formions une famille heureuse. Nous comptions bien continuer à vivre pleinement ce bonheur, mais ce tueur d'enfant a anéanti notre avenir. Tu ne connaîtras pas les petites et grandes joies qui jalonnent la vie de tout être humain », commence Jennifer Cleyet-Marrel. L'infirmière poursuit : « Malgré nos nombreuses demandes depuis six mois pour que [Nordahl Lelandais] nous dise réellement ce qui s'est passé cette nuit-là, il a toujours nié l'évidence. Il a enfin dit qu'il avait tué notre enfant car il était devant une preuve irréfutable. Tout ce qu'il a fait est inexcusable et impardonnable. Maëlys, sois-en certaine, ton assassin est désormais en prison. Il ne s'en prendra plus à des innocents, ne fera plus de victimes. Justice te sera rendue. »

À sa suite, son conjoint Joachim De Araujo remercie « les enquêteurs et les magistrats pour leur travail minutieux ». Il liste en revanche un certain nombre d'« épreuves » qui viennent « s'ajouter à [leur] peine et à celle de [leur] fille aînée : rumeurs malveillantes à [leur] sujet, injures et menaces sur Internet, leçons de morale de certaines personnes, manque de compassion pour Maëlys et d'empathie pour [eux] de la part de la famille du tueur, détails sordides dans la presse, mise en scène de l'avocat du tueur devant les médias le jour même de la découverte du corps de [leur] fille... » Remerciant tous ceux qui les soutiennent, le père de Maëlys conclut : « Nous pensons également très fort à la famille Noyer dans notre combat commun pour la vérité. »

Déplorant les « six mois de prise d'otage infligée à [ses] clients et à l'ensemble de leurs proches », Me Rajon dénonce la « double peine » subie par les parents de Maëlys. « Outre le drame déchirant de l'enlèvement de leur fille lors de cette sinistre nuit, il leur a été infligé un autre préjudice lui aussi insupportable, celui de voir que l'individu que tout désignait comme manifestement impliqué dans cet enlèvement les mépriser par son silence et ses innombrables mensonges », déclare-t-il. Et de rappeler que, pendant « six mois d'attente insupportable, délibérée, voulue, manifestement réfléchie par le mis en cause », Nordahl Lelandais a « refusé sciemment de dire ce qu'il avait fait de Maëlys et où reposait son corps ». « Nous avons perdu six mois alors que le dossier démontrait manifestement, et dès les premiers jours de l'enquête, l'implication de Nordahl Lelandais dans l'enlèvement de Maëlys », insiste l'avocat. « Tous les acteurs du dossier auraient dû concourir à la manifestation de la vérité », termine-t-il, visant implicitement la défense du mis en examen.

De son côté, deux jours après ses aveux, Nordahl Lelandais est hospitalisé à sa requête à l'Unité hospitalière spécialement aménagée (UHSA) du Vinatier située à Bron (Rhône). Interrogé le 22 février, il déclare ne pas être en état de répondre à des questions. Le 19 mars, il est à nouveau entendu par les juges d'instruction et, cette fois, s'exprime. Selon ses déclarations, Maëlys serait montée dans sa voiture pour aller voir ses chiens, avant de paniquer et de hurler, réclamant qu'il fasse demi-tour. Tout en conduisant, il lui aurait alors porté un violent coup au visage. Puis se serait arrêté pour prendre le pouls de la fillette. Constatant qu'elle ne respirait plus, il aurait alors déposé le corps près du domicile de ses parents, aurait jeté son short taché et serait retourné au mariage d'Eddy et Anne-Laure au Pont-de-Beauvoisin.

Une version à laquelle ne croit absolument pas la partie adverse, persuadée que Nordahl Lelandais n'a pas « seulement » enlevé, frappé et tué la petite fille, puis dissimulé son corps, mais qu'il a aussi violé Maëlys et qu'il a prémédité son meurtre. La demande en requalification déposée par Me Fabien Rajon, le conseil des parents de la victime, sera toutefois rejetée. « Notre sentiment, c'est que les juges d'instruction ont fait ce qu'ils ont pu avec ce qu'il y avait dans le dossier. Dans le dossier, effectivement, ne figurent pas de preuves matérielles accablantes de viol. Un faisceau de présomptions existe, mais le corps ne pouvait pas parler après six mois passés en pleine forêt, en montagne. Mes clients ont la conviction que si Nordahl Lelandais a parlé si tard, c'est qu'il y avait un intérêt », réagit l'avocat.

Comme pour le dossier Maëlys, Nordahl Lelandais se livre petit à petit dans le dossier Arthur Noyer. Après avoir nié toute implication dans la mort du jeune homme, il admet, le 5 février 2018, avoir pris en stop le militaire la nuit de sa disparition, mais assure avoir déposé ce dernier à Saint-Baldoph, à sa demande. Le 30 mars 2018, il avoue cette fois-ci avoir tué le caporal. Il décrit une bagarre déclenchée selon lui par Arthur Noyer sur le parking du centre culturel de la petite commune de Saint-Baldoph. Il aurait répliqué de façon « très violente », provoquant la chute et la mort du jeune homme. Pris de panique, il aurait alors éteint ses téléphones et mis le cadavre dans son coffre avant de le déposer sur le bord d'une route, au niveau du col du Marocaz. Un sommet situé à 958 mètres d'altitude, offrant une vue magnifique sur la vallée, très fréquenté par les promeneurs et les cyclistes en journée, mais évidemment désert à la nuit tombée.

Les petites-cousines

Au cours de leurs investigations, en mai puis en octobre 2018, les enquêteurs font des découvertes glaçantes dans les tréfonds d'un téléphone et de l'ordinateur de Nordahl Lelandais. Au milieu de nombreux fichiers pornographiques et pédopornographiques figurent des vidéos, effacées par le principal intéressé, montrant des abus sexuels sur de très jeunes enfants, qui ne sont autres que ses petites-cousines, les filles d'un de ses cousins germains et d'une de ses cousines germaines…

La première vidéo retrouvée a été enregistrée dans la nuit du 19 au 20 août 2017 au domicile des Lelandais à Domessin, en Savoie. « À ce moment-là, mes clients sont en vacances avec leurs filles chez la mère de Nordahl Lelandais. Ils vont au restaurant tous ensemble puis, à leur retour, ils s'assoient sur la terrasse pour boire un digestif avant d'aller se coucher. C'est une soirée d'été classique », retrace Me Caroline Rémond, avocate parisienne qui intervient dans de nombreux dossiers liés à la protection de l'enfance.

Mais vers 2 heures du matin, une vidéo est tournée dans la chambre où dorment Fanny[1] et sa sœur. On y voit « le bras et la main d'un homme écarter le pyjama et la culotte » de la petite Fanny, 6 ans, puis « toucher [les] parties intimes » de cette dernière. « Ça se passe une semaine exactement avant l'enlèvement de la petite Maëlys. À la lumière de cette chronologie, on peut légitimement s'interroger sur les raisons pour lesquelles Nordahl Lelandais a pris Maëlys dans sa voiture… », glisse l'avocate.

Appelés par les gendarmes lorsque ces derniers tombent sur ce fichier, les parents de Fanny pensent d'abord qu'il va leur être à nouveau demandé de témoigner, ce qu'ils ont déjà fait en tant que cousins de Nordahl Lelandais. Mais, à la gendarmerie, ils découvrent des extraits de la vidéo concernant leur fille. « Le choc a été terrible », commente sobrement Me Rémond. Le 2 juillet 2018, à l'issue d'un interrogatoire concernant essentiellement Maëlys De Araujo durant lequel Nordahl Lelandais fait usage de son droit au silence, ce dernier est mis en examen pour « agression sexuelle sur mineur de 15 ans », en l'occurrence Fanny.

La deuxième vidéo, très semblable à la première, a été filmée dans la nuit du 11 au 12 juillet 2017 à Bagnols-sur-Cèze (Gard), au domicile d'un cousin de Nordahl Lelandais, le frère de la mère de Fanny. Cette fois, la victime est Jeanne[1], 4 ans, la propre filleule du Savoyard. « Comme les parents de Fanny, ceux de Jeanne ont été convoqués à la gendarmerie. Ils savaient ce qui était arrivé à Fanny, ils avaient craint que leurs filles aient aussi été

1. Les prénoms ont été changés.

victimes, mais, lorsque ça leur est tombé dessus, ils n'ont pas voulu y croire... » , souligne Me Rémond.

Le 7 décembre 2018, Nordahl Lelandais est mis en examen pour « agression sexuelle sur mineur de 15 ans » – en l'occurrence, Jeanne – ainsi que pour « détention et enregistrement d'images pédopornographiques ». « Acculé – il n'avoue de toute façon que lorsqu'il est acculé », insiste Me Rémond, le trentenaire reconnaît les agressions sexuelles sur les deux petites filles et admet avoir filmé ces scènes. Il indique que, en 2017, il consommait beaucoup d'alcool et de drogue et qu'il « ne faisait pas vraiment de différence entre une femme et un enfant ». Mais il nie avoir commis des faits similaires sur Maëlys De Araujo.

« Le mode opératoire est exactement le même pour Fanny et Jeanne, commente Me Rémond. Les deux familles sont tombées des nues. Elles faisaient une totale confiance à Nordahl Lelandais. Aujourd'hui encore, elles se demandent si ces faits ont eu lieu à d'autres occasions, ou si leurs autres filles ont elles aussi été victimes... » Pour l'heure, Fanny et Jeanne ne semblent conserver aucun souvenir de ces agressions. Leurs parents restent vagues lorsqu'elles les interrogent sur la raison pour laquelle elles ne voient plus Nordahl Lelandais. « Des psychologues ont expliqué à mes clients qu'il ne fallait pas créer chez les enfants des souvenirs que ces derniers n'ont pas. Donc, pour l'instant, ils ne disent rien. Si cela vient, il faudra gérer cette bombe à retardement. Si cela ne vient pas, ils leur en parleront forcément à un moment, ne serait-ce que pour qu'elles ne l'apprennent pas par ailleurs. Mais ils ne savent pas comment faire. Comment expliquer une telle chose à son enfant ? »

En avril 2019, Charlotte[2], la fille d'une autre cousine de Nordahl Lelandais, porte plainte contre ce dernier pour « agression sexuelle » et « menaces de mort ». L'adolescente, née en 2003, clame que, en mars 2017, le jour de l'enterrement de son père, l'ancien militaire l'aurait prise dans ses bras, lui aurait touché les fesses et la poitrine, puis aurait menacé de la tuer si elle révélait ce qui venait de se passer.

« Quelques minutes avant la cérémonie à l'église, Charlotte contourne le pâté de maisons pour aller fumer une cigarette en cachette de sa maman. Nordahl Lelandais lui dit qu'il vient fumer avec elle. Dès qu'ils ne sont plus visibles des membres de la famille, Nordahl Lelandais se précipite sur Charlotte, qui est en pleurs, raconte Me Caroline Rémond. Sous prétexte d'un câlin de réconfort, il pose ses mains sur sa poitrine. Elle essaie un peu de se dégager, mais, tout de suite, il passe ses mains derrière son dos et descend sur ses fesses qu'il touche avec insistance. Elle comprend là aussi que ce n'est pas normal, elle essaie encore de se dégager, mais elle n'y arrive pas. Nordahl Lelandais repasse ses mains devant elle en lui touchant la poitrine avec insistance. Difficilement, elle parvient à s'échapper. Il la rattrape et lui dit : "Si tu dis quelque chose, je te tue." »

Fragilisée, désemparée, effrayée, Charlotte ne souffle mot de ce qui vient de se passer. « Dans les jours qui suivent, Nordahl Lelandais lui envoie des textos. Ce sont des SMS à connotation sexuelle où il lui dit par exemple : "Tu es ma petite bombe", "Quand est-ce qu'on se marie ?"

---

2. Le prénom a été changé.

reprend Me Rémond. Elle a peur. Elle lui envoie en retour des textos d'ado, avec des mots de son âge, des smileys, des "lol". Elle ne sait pas trop quoi répondre, mais elle répond, parce qu'elle se dit que si elle ne le fait pas, il va venir la chercher et la tuer. »

Les mois passent puis éclate l'affaire Maëlys, qui terrorise encore un peu plus Charlotte, murée dans le silence. Les révélations liées au caporal Noyer, à Jeanne et à Fanny s'enchaînent ensuite. « Là, elle se dit que, si c'est arrivé à Jeanne, à Fanny et à elle, il faut qu'elle parle », explique l'avocate. La jeune fille raconte à sa mère la scène de mars 2017 et dépose plainte. En février 2020, Nordahl Lelandais est mis en examen. À l'heure où ces lignes sont écrites, l'instruction de ce dossier est toujours en cours à Charleville-Mézières. Les faits dénoncés par Charlotte, qui ne sont pas reconnus par le mis en cause, ne seront pas examinés lors de l'audience qui se tiendra à Grenoble début 2022. « J'espère un procès dans le courant de l'année 2022 », confie Me Rémond.

Les funérailles

De son côté, pendant que l'enquête se poursuit, la famille De Araujo doit attendre plusieurs mois avant que le corps de Maëlys ne lui soit rendu. Les obsèques ont lieu à La Tour-du-Pin le 2 juin 2018, neuf mois après la mort de la fillette. Lorsque le jour J arrive, aucun des 8 000 habitants de cette sous-préfecture de l'Isère ne peut ignorer ce qui se passe en l'église Notre-Dame-de-l'Assomption. Toute la ville, placée sous forte surveillance par les forces de l'ordre, semble retenir son souffle. « C'était un moment de douleur intense, presque irréel. Cette profonde tristesse dépassait les proches de Maëlys, je crois que ces funérailles ont été un moment partagé par de nombreux Français », souligne Me Fabien Rajon, évidemment présent aux côtés de ses clients.

Plusieurs centaines de personnes assistent à la cérémonie religieuse présidée par Mgr Guy de Kérimel, évêque de Grenoble. Parmi elles, Didier et Cécile Noyer, les parents d'Arthur Noyer, mais aussi Nicolas Chafoulais, le père de la petite Fiona, disparue en mai 2013 à Clermont-Ferrand. L'affluence est telle que la moitié des personnes présentes pour rendre un dernier hommage à la petite fille doivent suivre les funérailles depuis l'extérieur de l'église, au moyen d'écrans géants installés pour l'occasion. Les abords de l'édifice croulent sous les fleurs, et les registres de condoléances se noircissent minute après minute de témoignages de soutien.

Lors de son homélie, Mgr de Kérimel souligne que « la France entière a été bouleversée par la disparition » de Maëlys. « Nous sommes blessés par la violence présente dans notre société, par le mal qui s'acharne sur les innocents, par les injustices de toutes sortes [...]. Mais nous sommes là pour l'espérance. Maëlys a quitté ce monde et l'espoir de la revoir ici-bas s'est évanoui, cependant l'espérance que donne la foi demeure. Nous la croyons auprès de Dieu, lance le prélat. Les relations d'amour que Maëlys a tissées avec vous, sa famille, ses proches, ne finiront pas ; au contraire, elles se trouvent encore renforcées en Dieu, qui est plénitude d'amour. Maëlys vous aime encore plus. Elle fera tout pour que la paix habite vos cœurs et que le sourire revienne sur vos lèvres. [...] Que Maëlys nous aide à tirer les leçons de son martyre, et nous mobilise pour que le bien triomphe ! »

Tour à tour, les proches de l'enfant prononcent quelques mots. « La maison est triste sans toi, sans ta joie de vivre, tes sourires. Tu me manques », commence sa mère. « Il y a toujours ta place vide à la table familiale, marquant le vide que tu laisses dans nos vies », continue son père. « Je suis venue te dire au revoir en attendant le paradis », déclare sa sœur. « Envole-toi vers le ciel étoilé », renchérit sa grand-mère. À l'issue de la cérémonie, la foule applaudit au passage du petit cercueil blanc. La mise en terre au cimetière de La Tour-du-Pin est ensuite célébrée dans l'intimité.

Trois mois après les obsèques de Maëlys à La Tour-du-Pin, les funérailles d'Arthur Noyer ont lieu le 7 septembre 2018 en la cathédrale de Bourges. Plus de 1 500 personnes, dont de nombreux militaires du bataillon du jeune homme et les parents de Maëlys, sont présentes pour soutenir la famille Noyer. Pendant la cérémonie, les proches se succèdent pour évoquer le disparu. « Tu seras toujours mon étoile. Arthur, mon fils, je suis fier de toi et j'espère être digne de toi », lance le père du disparu, avant que la mère de ce dernier ne promette « d'être toujours [sa] guerrière ». Quentin, le frère d'Arthur, conclut en lisant un texte attribué à saint Augustin : « L'amour ne disparaît jamais. La mort n'est rien. Je suis seulement passé dans la pièce d'à côté. [...] Je ne suis pas loin, juste de l'autre côté du chemin. Vous voyez, tout est bien. »

Après l'enterrement, la famille du caporal publie un texte de remerciements sur Facebook. « Ce vendredi 7 septembre a été une journée forte, essentielle... Vous étiez nombreux à venir rendre hommage à Arthur, lui dire : "Au revoir". Vous arboriez tous une petite touche verte, la couleur préférée d'Arthur. Le vert : couleur de l'espérance. Nous sommes forts de vous tous : famille, amis, 13 BCA, anonymes. Tout cet amour, cette amitié, cette compassion que nous recevons feront que la bonté, l'amour et le partage renverseront les notions du mal. Des milliers de "mercis". [...] Aujourd'hui, nous sommes apaisés. Arthur repose en paix. »

La fin des instructions

Tout au long des années 2018, 2019 et 2020, les informations judiciaires des dossiers d'Arthur Noyer et de Maëlys De Araujo avancent parallèlement ; la première est menée à Chambéry, la seconde à Grenoble. Dans le cadre de cette dernière, Nordahl Lelandais est à nouveau interrogé le 2 juillet 2018 – mais choisit de garder le silence – puis le 21 septembre 2018. Ce jour-là, il indique qu'il n'a pas frappé une seule fois la petite Maëlys, mais à trois ou quatre reprises. Il revient aussi sur ses déclarations selon lesquelles il avait déposé le corps de la victime près d'un cabanon, et mentionne à la place un endroit situé près d'une ligne de chemin de fer.

Le 28 septembre 2018 a lieu la reconstitution de l'enlèvement et du meurtre de Maëlys. « Ça a indubitablement été un moment très fort, très éprouvant de ce dossier. Mes clients tenaient à être présents mais on était au bout de l'horreur », se souvient Me Rajon. Lorsque l'avocat et les parents de la petite fille arrivent au Pont-de-Beauvoisin, ils sont dirigés vers une petite salle attenante à la salle des fêtes où ils sont accueillis par les services de gendarmerie, puis par la juge d'instruction qui leur explique comment va se dérouler la reconstitution. « Elle a fait preuve de beaucoup d'humanité et de délicatesse à l'égard de mes clients », décrit Me Rajon.

Les De Araujo et leur conseil passent ensuite dans la grande salle, où ils attendent Nordahl Lelandais en compagnie de Me Jakubowicz, du procureur, du procureur adjoint, et de « dizaines de gendarmes lourdement équipés ». « Les choses avaient plutôt été bien faites ; ces sas successifs ont permis de faire une transition entre le moment où nous sommes arrivés et le moment où mes clients ont revu Nordahl Lelandais pour la première fois depuis le mariage », estime Me Rajon. Le principal intéressé rejoint les autres participants à la reconstitution un quart d'heure plus tard. « La scène était assez irréelle. Il était équipé d'un casque, d'une visière, d'un gilet pare-balles, tenu par une sorte de corde d'escalade et systématiquement entouré de plusieurs gendarmes, si bien que mes clients n'ont jamais pu s'approcher à moins de trois mètres de lui. »

Les différentes étapes se succèdent : « scène à la salle des fêtes, scène des coups portés à Maëlys dans la voiture, scène vers le chemin de fer où le mis en examen dit avoir déposé l'enfant, scène à Attignat-Oncin où il dépose le corps derrière un rocher. » Me Rajon se souvient particulièrement de la scène des coups « très violents » infligés à un mannequin jouant le rôle de la fillette. « C'était terrible, même si mes clients considèrent que la parole de Nordahl Lelandais n'est pas crédible, donc ont de grandes réticences à le croire, y compris sur la cause directe de la mort de leur fille. » À l'issue de la reconstitution, les De Araujo et leur avocat se réfugient chez la sœur de Jennifer Cleyet-Marrel « pour trouver un peu de réconfort, boire un café, débriefer, si tant est qu'on puisse débriefer un moment pareil… ».

Le 29 mai 2019, Nordahl Lelandais est à nouveau interrogé par les juges d'instruction de Grenoble. Il évoque des « hallucinations » au moment des coups portés à Maëlys et explique avoir alors eu l'impression de revoir le caporal Noyer. Il persiste par ailleurs à assurer ne pas avoir abusé sexuellement de la petite fille. Une affirmation qu'il réitère lors de son ultime interrogatoire, le 8 octobre 2020. Il rejette en bloc les accusations d'un ancien codétenu, qui affirme qu'il lui a confié avoir violé la fillette. Échappant à la mise en examen, il est finalement placé sous statut de témoin assisté pour « viol sur mineur de 15 ans ».

Pendant que les enquêtes se poursuivent, le grand public n'oublie pas Arthur Noyer et Maëlys De Araujo. En juillet 2019, les chanteurs Vitaa et Slimane dédient même une chanson à la petite fille, sobrement intitulée « Maëlys ». Un morceau ensuite repris sur leur album *VersuS - Chapitre II*, sorti en octobre 2020. Jennifer Cleyet-Marrel en publie une version acoustique sur son mur Facebook. « Émue et touchée par cette chanson écrite pour Maëlys, vous êtes, Vitaa et Slimane, des artistes aux grands cœurs, vos voix sont magnifiques. Je vous remercie de faire honneur à mon poussin », commente la mère de famille.

Dans ta chambre je ne peux pas
Y entrer c'est trop pour moi
Dans ta chambre je n'y vais pas
Tes poupées s'ennuient sans toi

En juin 2020, les juges d'instruction de Chambéry ordonnent le renvoi aux assises de Nordahl Lelandais pour le « meurtre » d'Arthur Noyer, comme l'avait requis le parquet de Chambéry en février. Le suspect avait initialement été mis en examen pour « assassinat », mais les magistrats instructeurs et le ministère public ont écarté la préméditation. Le procès est fixé au mois de mai 2021.

Le 18 février 2021, le procureur de Grenoble annonce que la juge d'instruction chargée du dossier Maëlys a transmis au ministère public un avis de fin d'information. Le 18 mars suivant, le parquet de Grenoble rend son réquisitoire définitif. Il réclame le renvoi de Nordahl Lelandais devant la cour d'assises de l'Isère « pour le crime de meurtre de Maëlys De Araujo précédé de l'enlèvement/séquestration de mineure de 15 ans, pour les délits d'agressions sexuelles de deux de ses petites-cousines mineures de 15 ans et pour les délits de détention et enregistrement d'images pédopornographiques ».

Le 1er juin 2021, les juges d'instruction rendent leur ordonnance de mise en accusation, dans laquelle elles décident, conformément aux réquisitions du parquet, de renvoyer Nordahl Lelandais devant la cour d'assises de l'Isère afin que ce dernier soit jugé pour « meurtre précédé d'enlèvement et de séquestration d'une mineure de 15 ans », « agressions sexuelles sur deux mineures de 15 ans » et « détention et enregistrement d'images pédopornographiques. »

Le trentenaire n'est en revanche pas renvoyé aux assises pour « viol sur mineure de 15 ans », en l'occurrence Maëlys. « Aucun élément matériel n'a pu établir un passage à l'acte sexuel sur [la fillette] en raison de l'état du corps et des vêtements de l'enfant retrouvés presque six mois après sa mort », expliquent les magistrates instructrices, qui ajoutent que le témoignage du codétenu de Nordahl Lelandais leur est par ailleurs apparu « insuffisant ».

Le 18 juin 2021, les dates tant attendues sont annoncées par la cour d'appel de Grenoble à l'Agence France Presse (AFP), puis confirmées aux autres médias par le parquet général de Grenoble : l'ancien maître-chien sera jugé du 31 janvier au 11 février 2022. L'audience pourrait cependant finalement déborder de plusieurs jours.

Pourquoi deux procès différents, un pour Arthur Noyer, l'autre pour Maëlys ? À ce stade, le lecteur peut légitimement se poser la question, question qui a d'ailleurs été largement discutée au cours de l'instruction des deux dossiers. La meilleure réponse est celle apportée par Thérèse Brunisso, représentante du ministère public au procès de Nordahl Lelandais pour le meurtre d'Arthur Noyer. « Les deux dossiers sont depuis le début intrinsèquement liés. Mais le rythme des deux instructions n'était pas du tout le même. Les deux victimes sont très différentes et les caractéristiques de chaque affaire sont elles aussi très différentes. Enfin, il a été considéré qu'il était préférable que chaque partie civile puisse avoir "son" procès », explique la magistrate au premier jour du procès de Chambéry.

Parallèlement aux avancées du dossier Maëlys, Me Alain Jakubowicz dépose une requête en nullité de la dernière expertise psychiatrique de son client, réalisée en décembre 2020, au motif que l'un des experts s'était exprimé le 30 mars 2018 dans l'émission de France 5, *C dans l'air*, qui était consacrée ce jour-là aux tueurs en série. Cette demande est examinée à huis clos le 7 avril 2021 par la chambre de l'instruction de la cour d'appel de Grenoble. L'avocat général et l'avocat de la famille de Maëlys, Me Fabien Rajon, sollicitent le rejet de cette requête. La justice tranche dans le sens de ces derniers le 27 avril : l'expertise demeure. Me Jakubowicz se pourvoit alors en cassation. Le 22 juin, la cour de cassation décide qu'« en l'état », il n'y a pas lieu d'admettre ce pourvoi et ajoute que « la procédure sera continuée conformément à la loi devant la juridiction saisie ».

Ariane

C'est une petite phrase, prononcée par Thierry Dran, alors procureur de Chambéry, en décembre 2017. « Nous allons regarder toutes les disparitions inquiétantes qui ont pu avoir lieu dans la région. » Se doute-t-il lui-même de quelle boîte de Pandore il vient d'ôter le couvercle ? Une boîte qui suscite toutes les passions, renferme toutes les hypothèses, offrant à la fois le poison du doute et l'espoir de l'avancée dans des dossiers jusqu'ici restés béants d'incertitudes.

Nordahl Lelandais pourrait-il être lié à des disparitions inexpliquées survenues en France, et notamment dans l'est de l'Hexagone, ces dernières années ? Telle est la question qui sous-tend le travail des gendarmes composant la cellule dite Ariane, créée en janvier 2018. Leur tâche est colossale : passer au peigne fin 900 dossiers afin de dénicher d'éventuelles correspondances avec le parcours de vie du Savoyard. Treize mois plus tard, les 900 dossiers se sont transformés en 40. Lesquels ? Officiellement, mystère.

La cellule Ariane ne communique pas sur ce sujet. Ce qui plonge certaines familles de disparus dans les affres du doute. « Elles me demandaient : “On y est ou on n’y est pas?” Et je ne savais pas. On n’a jamais su », se souvient Me Bernard Boulloud, avocat de plusieurs d’entre elles.

Même sans informations précises sur les dossiers retenus par la cellule Ariane, plusieurs affaires ont bénéficié d’une attention renouvelée dans le sillage des « affaires Lelandais ». Ainsi des familles des « disparus du fort de Tamié ». En septembre 2011, Jean-Christophe Morin, 22 ans, se volatilise à la sortie d’un festival de musique qui se tenait alors dans ce fort savoyard construit au XIXe siècle. Un an plus tard, Ahmed Hamadou, 45 ans, disparaît à son tour, à la sortie du même festival. Pendant des années, les enquêtes piétinent. Jusqu’à ce que les affaires Lelandais éclatent et que la cellule Ariane soit créée. Les familles des « disparus du fort de Tamié » prennent la piste Lelandais très au sérieux. Selon un cousin d’Ahmed Hamadou, ce dernier connaissait « de vue » Nordahl Lelandais. Le père de Jean-Christophe Morin est, quant à lui, persuadé que son fils « a rencontré la mauvaise personne au mauvais endroit ». Les familles croient même reconnaître l’ex-militaire sur une vidéo du festival de 2012, mais il ne s’agit finalement pas de lui.

Mi-octobre 2020, un crâne est retrouvé par un promeneur près du fort. Il est envoyé à l’Institut de recherche criminelle de la gendarmerie nationale (IRCGN) pour y être expertisé. Mi-mars 2021, Me Didier Seban, l’un des avocats de la famille Hamadou, déclare dans la presse qu’il s’agit « très certainement » du crâne d’Ahmed Hamadou, et ne manque pas de souligner « qu’on a retrouvé les ossements du caporal Noyer un peu dans les mêmes circonstances que ceux d'Ahmed Hamadou ». Le procureur de la République de Chambéry appelle quant à lui à la prudence. Estimant qu'il ne s'agit que d'une « probabilité », il précise au *Figaro* que d'autres examens sont réalisés pour « confirmer ou infirmer cette probabilité ». À l'heure où ces lignes sont écrites, le dossier n'a pas évolué.

Au même moment resurgit une affaire qui rappelle à la fois l'affaire du caporal Arthur Noyer et celle des « disparus du fort de Tamié ». Le 15 mars 2021, la justice décide d'ordonner l'exhumation du corps de Thomas Rauschkolb afin de réaliser une autopsie. Ce jeune homme de 18 ans a été retrouvé mort le 28 décembre 2015 près de la rivière Sierroz, à Grésy-sur-Aix (Savoie), après une soirée en boîte de nuit. Un établissement fréquenté par Nordahl Lelandais, comme le prouve une photo d'août 2012 sur laquelle apparaît l'ancien maître-chien... À l'époque, l'hypothèse d'une mort accidentelle a été retenue, ce qui n'a jamais convaincu les proches de Thomas. L'exhumation de la dépouille, demandée par Me Bernard Boulloud – conseil des Rauschkolb ainsi que des parents d'Arthur Noyer –, doit permettre de savoir s'il existe des éléments accréditant l'hypothèse criminelle.

La piste Lelandais aurait aussi été très sérieusement étudiée dans les disparitions d'Adrien Fiorello, jeune homme de 22 ans qui a quitté le domicile de ses parents à Firminy (Loire) en octobre 2010 et dont la trace a pu être pistée jusqu'à Chambéry, avant qu'il ne s'évapore ; de Nelly Balmain, 29 ans, qui a quitté à scooter son domicile de Saint-Jean-en-Royans (Drôme) le 8 août 2011 ; d'Éric Foray, 46 ans, parti faire des courses en voiture le

16 septembre 2016 à Chatuzange-le-Goubet (Drôme)... Le nom de Lucie Roux, 43 ans, disparue à Bassens (Savoie) en septembre 2012, est également revenu avec insistance. Mais ce dossier a été classé sans suite en novembre 2019.

Une seule chose est sûre. Les années de travail de fourmi des enquêteurs n'ont pas permis d'impliquer Nordahl Lelandais dans d'autres affaires que celles dans lesquelles il est officiellement mis en cause – l'enlèvement et le meurtre de Maëlys, le meurtre d'Arthur Noyer, les agressions sexuelles sur trois petites-cousines, la détention et l'enregistrement d'images pédopornographiques. Des affaires qui ont conduit à l'organisation de deux procès : le premier, concernant Arthur Noyer, en mai 2021 à Chambéry; le second, lié à Maëlys, aux agressions sexuelles sur deux petites-cousines et aux contenus pédopornographiques, en janvier-février 2022 à Grenoble. Un troisième procès pourrait avoir lieu à Charleville-Mézières dans le dossier de l'agression sexuelle dénoncée par la troisième petite-cousine du Savoyard.

Aujourd'hui, ceux qui ont choisi de ne pas s'exprimer sur la question des autres dossiers dans lesquels Nordahl Lelandais aurait pu être impliqué se félicitent de leur réserve. « À ce sujet, mes clients peuvent avoir leur ressenti, mais pour autant nous n'avons pas jugé opportun d'évoquer publiquement un éventuel lien entre Nordahl Lelandais et d'autres disparitions. Nous avons toujours eu à cœur d'être crédibles et sérieux dans nos prises de parole publiques. Nous avons clairement joué la carte de la prudence, et ce, je crois, à juste titre », réagit Me Fabien Rajon, le conseil des proches de Maëlys.

En octobre 2020, la cellule Ariane a été dissoute. Cette entité n'aura cependant pas été inutile, loin de là. D'abord, elle aura permis d'écarter la piste Lelandais dans plusieurs dossiers mystérieux. « L'objectif de cette cellule était de résoudre des affaires, pas de charger à tout prix [Nordahl Lelandais]. Dans une enquête criminelle, fermer une porte, c'est aussi avancer », confie d'ailleurs une source anonyme au *Parisien* en mai 2021. Ensuite, elle aura remis plusieurs affaires sous le feu des projecteurs, permettant parfois de véritables avancées dans des dossiers peu à peu tombés dans l'oubli. Enfin, elle aura jeté les bases d'un service pérenne au sein du pôle judiciaire de la gendarmerie nationale : la Diane, pour « division des affaires non élucidées », aussi connue sous le surnom « division *cold case* ».

Ces dernières années, la problématique des *cold cases* a par ailleurs bénéficié d'une attention renouvelée de la part des pouvoirs publics. Un projet de loi, en cours d'examen au Parlement, prévoit notamment la création d'une juridiction nationale spécialisée en la matière, sur le modèle de structures déjà existantes, comme le parquet national financier (PNF) ou le parquet national antiterroriste (PNAT). Les affaires concernées sont celles dans lesquelles « les crimes sont susceptibles d'avoir été commis de manière répétée à des dates différentes par une même personne à l'encontre de différentes victimes » et celles dont l'auteur « n'a pas pu être identifié plus de dix-huit mois après leur commission ».

PARTIE II

2021-2022

Le procès Noyer, jour 1

En attendant le procès pour l'enlèvement et le meurtre de Maëlys, tous les regards se tournent vers celui du meurtre d'Arthur Noyer, programmé du 3 au 14 mai 2021 au palais de justice de Chambéry. Avant le début de l'audience, il est indiqué que les proches de Maëlys ne seront pas présents. « Joachim De Araujo et Jennifer Cleyet-Marrel auraient éventuellement souhaité être là, mais ils ont respecté sans problème le souhait de la famille d'Arthur de ne pas mêler les deux affaires », explique Me Fabien Rajon, qui a toutefois envoyé un collaborateur de son cabinet en Savoie pour suivre les débats.

À l'instar du palais de justice de Vesoul en novembre 2019 avec le procès Daval, le palais de justice de Chambéry n'a jamais accueilli de procès aussi médiatique que celui de Nordahl Lelandais. La petite juridiction savoyarde a mis les bouchées doubles pour que l'audience se déroule dans les meilleures conditions possible, malgré la pandémie de Covid-19 qui complique cette tâche déjà ardue.

De leur côté, les journalistes, pour la plupart arrivés de Paris en train, ont investi les hôtels et Airbnb de la ville. Outre un espace presse installé à leur intention dans le hall du premier étage du palais de justice, le palais des Beaux-Arts, situé juste en face et fermé en raison du coronavirus, a gracieusement été mis à leur disposition. Dans le dossier de presse envoyé aux médias accrédités, la juridiction de Chambéry est allée jusqu'à lister quelques restaurants qui, bien que fermés à la consommation sur place – Covid-19 oblige – proposent de la vente à emporter.

Lundi 3 mai. Dès le petit matin, les abords du palais de justice sont pris d'assaut. Les forces de l'ordre et les personnels de sécurité sont présents en masse pour sécuriser le périmètre. Les journalistes sont guidés jusqu'au stand leur permettant de récupérer leur accréditation ; certains enchaînent déjà les directs pour informer auditeurs et téléspectateurs de l'imminence de l'ouverture de l'audience. Les nombreuses personnes désireuses d'assister au procès font la queue, parfois depuis l'aube, le long du bâtiment. De l'extérieur, les Chambériens qui passent, travaillent ou habitent à proximité assistent, ébahis, à toute cette inhabituelle agitation.

À l'intérieur, c'est la cohue. Photographes et journalistes reporters d'images se bousculent pour assister à l'arrivée de celui pour lequel tous sont réunis : Nordahl Lelandais. Descendant du cortège qui l'a emmené de sa prison de Saint-Quentin-Fallavier au palais de justice, l'accusé est fugitivement aperçu en gilet pare-balles, casquette sombre et masque jetable, strictement encadré par plusieurs membres de l'administration pénitentiaire. De leur côté, les proches d'Arthur Noyer arrivent avec un grand portrait du jeune homme, qu'ils installent dans la salle d'audience, juste devant la table de leurs avocats. Pendant tout le procès, la photo d'un Arthur jeune, souriant, éclatant de vie, fera ainsi face à un Nordahl Lelandais, toujours calme et poli, arborant chaque jour une tenue sobre et soignée – jean, chemise.

Avant l'ouverture officielle du procès, une plage horaire est réservée aux prises de vues de l'intérieur des salles d'audience. La salle Antoine Favre, au rez-de-chaussée, est envahie d'objectifs de toutes tailles qui mitraillent les espaces réservés aux différentes parties prenantes. D'abord, la table principale, en courbe, qui occupe le fond de la pièce et à laquelle vont s'asseoir les juges et les jurés. À droite, le box vitré dans lequel prendront place Nordahl Lelandais et plusieurs membres des forces de l'ordre, ainsi que la table réservée aux avocats de l'accusé, déjà surchargée de dossiers liés à la procédure.

En face, la barre, à laquelle s'avanceront tous ceux qui seront invités par la cour à prendre la parole – à l'exception de Nordahl Lelandais, qui restera dans son box, et de ceux qui s'exprimeront par visioconférence. À gauche, les places destinées au ministère public et à une partie de la presse, ainsi que celles où prendront place les proches d'Arthur Noyer et leurs conseils. Quelques chaises disséminées à des endroits stratégiques portent des panneaux « Place réservée dessinateur ». Le reste de la salle est dédié aux proches de la victime et de l'accusé ainsi qu'au public, tenu de n'occuper qu'un siège sur deux afin de respecter la distanciation sociale rendue nécessaire par la pandémie de Covid-19.

Un étage au-dessus se trouve la salle du Sénat de Savoie. Plus vaste que la salle Antoine-Favre, plus belle aussi, elle est utilisée pour l'occasion comme salle de retransmission, et un écran géant occupe son flanc gauche. Elle accueille la majorité de la presse, le reste du public autorisé à pénétrer dans le palais de justice et quelques magistrats ou avocats de Chambéry curieux d'assister à quelques instants de ce procès tant attendu.

Peu à peu, le tohu-bohu se calme alors que chacun trouve sa place, y compris Nordahl Lelandais dans son box vitré. À 10 h 16, la cour d'assises de la Savoie fait son entrée. Le président François-Xavier Manteaux prononce la phrase rituelle : « L'audience est ouverte. Vous pouvez prendre place. » Les personnes présentes obtempèrent. Le procès de Nordahl Lelandais pour le meurtre du caporal Arthur Noyer a bel et bien démarré.

Le premier dialogue entre le président et l'accusé ne dure que quelques secondes, le temps pour Nordahl Lelandais de décliner son prénom, son nom, sa date et son lieu de naissance – le 18 février 1983 à Boulogne-Billancourt – et sa profession avant qu'il ne soit placé en détention provisoire dans le cadre de l'affaire Maëlys – cariste dans la logistique. Puis le magistrat se lance dans une déclaration liminaire. « Vous serez jugé comme tous les accusés qui comparaissent devant la cour d'assises de la Savoie, avec les mêmes droits que tous les autres accusés. Les jurés sauront faire abstraction du contexte médiatique du dossier », promet-il.

Vient ensuite un moment que les vieux briscards des assises connaissent par cœur, et auquel ils ne prêtent parfois plus vraiment attention, à part pour compter le nombre d'hommes et de femmes ou jauger d'un œil les âges : le tirage au sort des jurés. L'instant est pourtant capital. Les habitants de la Savoie tirés au sort jugeront l'accusé au même titre que les trois expérimentés magistrats du siège qui composent la cour d'assises de la Savoie. Pour ce procès, six jurés titulaires et quatre jurés supplémentaires seront sélectionnés, annonce le président.

Deux femmes et un homme sont d'abord appelés et rejoignent la table principale. Un homme est ensuite immédiatement récusé par la défense. Deux autres hommes sont à leur tour choisis. Quand vient le tour du sixième juré, Me Alain Jakubowicz récuse une nouvelle fois un homme. C'est finalement encore un homme qui est appelé. Lors du tirage au sort des quatre jurés supplémentaires, la défense et le ministère public récusent chacun deux femmes. À l'issue de l'exercice, quatre hommes et deux femmes constituent le jury principal, trois hommes et une femme le jury remplaçant.

Cette étape consubstantielle à tout procès d'assises – à l'exception de ceux menés par la cour d'assises spécialement composée, compétente en matière de terrorisme, et de ceux menés devant les expérimentales cours criminelles – se termine par un geste inhabituel. À la demande du président, juges et jurés enlèvent leurs masques afin que Nordahl Lelandais voie les visages de ceux qui s'apprêtent à le juger. Le trentenaire retire lui aussi son masque un bref instant.

Me Alain Jakubowicz prend alors la parole pour la première fois. Pendant 45 minutes, l'avocat de la défense plaide la nullité d'un rapport d'expertise psychiatrique de son client, selon lui « remis dans des conditions quelque peu particulières ». Un premier rapport, réalisé par les docteurs Blachère et Renoud, a été déposé le 12 décembre 2018.

L'avocat a alors demandé une nouvelle expertise, estimant que « l'état d'esprit de son client avait énormément évolué » et souhaitant donc une actualisation. Cette nouvelle tâche a été confiée aux docteurs Bensussan et Rouillon.

Aux yeux de Me Jakubowicz, c'est d'abord dans le choix d'un des deux psychiatres que le bât blesse. « Le docteur Bensussan est intervenu dans les médias, notamment dans une émission de télévision [l'émission *C dans l'air*, diffusée sur France 5 le 30 mars 2018, NDLA], et n'en a pas informé la cour quand il a été désigné. Pour moi, il y a un problème de droit fondamental qui tient à l'impartialité d'un expert », lance le défenseur de Nordahl Lelandais, qui s'indigne : « On ne peut pas être à la fois expert à la télévision et expert judiciaire. C'est une entorse à l'éthique et une insulte au droit. Ce n'est pas possible. L'impartialité a été rompue. Je vous demande d'en tirer les conséquences. » L'avocat lyonnais ajoute que la désignation du second expert, le docteur Rouillon, n'a pas été motivée. Or, le psychiatre n'étant pas inscrit auprès de la cour d'appel, cette motivation est obligatoire.

Invité à donner son avis sur cette requête en nullité, Me Bernard Boulloud, le conseil de la famille Noyer, s'en remet à la décision de la cour. « Cette expertise, qu'elle y soit ou qu'elle n'y soit pas, très franchement ça m'indiffère. Parce que Nordahl Lelandais restera toujours Nordahl Lelandais et c'est lui qui vous dévoilera tout seul sa personnalité, sans besoin d'expertise. »

Vient le tour de l'avocate générale Thérèse Brunisso de se lever. « Cette expertise, la défense l'a demandée avec insistance et une particulière persévérance. Pourquoi demander l'annulation d'un acte qu'on n'a eu cesse de demander pendant deux ans, à Grenoble comme à Chambéry ? C'est à mon avis tout simplement parce que les conclusions de ces deux expertises faites par le même collège ne satisfont pas, ne conviennent pas à M. Lelandais », attaque la représentante du ministère public. Cette dernière considère toutefois que « la désignation du second expert [lui] semble entachée de nullité car cette désignation n'a pas été motivée », et que « par voie de conséquence, le second rapport d'expertise réalisé dans le cadre du dossier Noyer est nul ».

Après en avoir délibéré une trentaine de minutes, la cour décide d'écarter l'expertise psychiatrique réalisée par les docteurs Bensussan et Rouillon « en raison de l'absence de motivation de la désignation du docteur Rouillon et d'un doute légitime sur l'impartialité du docteur Bensussan ». Ce qui implique par ailleurs que les deux experts psychiatres ne déposent pas devant la cour d'assises de la Savoie, comme cela était initialement prévu.

Après le traditionnel appel des témoins et des experts, le président François-Xavier Manteaux lit son rapport sur les faits. Avant d'ordonner une pause méridienne, il se tourne vers l'accusé et lui demande sa position sur les faits qui lui sont reprochés. Dans la salle principale comme dans la salle de retransmission, les oreilles se dressent. « Oui, j'ai donné la mort à Arthur Noyer. Mais sans vouloir lui donner. Je n'ai jamais voulu lui donner la mort », répond Nordahl Lelandais. Ces quelques phrases, qui donnent le ton du procès, sont reprises en quelques instants sur tous les sites Internet et les bandeaux des chaînes de télévision : l'accusé s'en tient à sa dernière version connue.

À 14 h 50, une enquêtrice de personnalité s'avance à la barre. Elle a rencontré Nordahl Lelandais à trois reprises, en décembre 2017, janvier 2018 et mars 2018, deux fois à la prison de Saint-Quentin-Fallavier (Isère) et une fois au centre hospitalier psychiatrique du Vinatier à Bron (Rhône), a vu ses parents à leur domicile et a mené des vérifications sur son parcours professionnel. Elle décrit un homme « coopérant », qui lui a apporté des « réponses détaillées » mais a éprouvé « des difficultés à dater son parcours professionnel et sentimental ».

Selon elle, « aucune difficulté majeure » n'a marqué Nordahl Lelandais pendant son enfance et son adolescence. Le jeune Nordahl naît à Boulogne-Billancourt (Hauts-de-Seine) le 18 février 1983 et vit ses premières années à Voisins-le-Bretonneux (Yvelines) dans « un environnement plutôt agréable ». Son prénom, peu courant, est toutefois « assez compliqué » à porter. « Au bout d'un moment, je disais Jordan, ça passait tout de suite, alors qu'il fallait dire dix fois Nordahl. J'ai aussi eu un surnom, Nono, qui est resté par simplicité », explique l'accusé à la suite d'une question du président à ce sujet.

Le petit garçon a un frère, Sven, et une demi-sœur du côté maternel, Alexandra. Sa mère est employée dans un cabinet de radiologie. Son père est attaché commercial dans le secteur des produits pharmaceutiques ; c'est à la suite d'une mutation professionnelle de ce dernier que toute la famille déménage à Domessin, en Savoie. Dans sa jeunesse, le mis en cause assure « n'avoir été victime d'aucune violence ». S'il décrit une mère « proche de ses enfants », il évoque un père « souvent éloigné » avec lequel il entretient toutefois de « bonnes relations » : « Il m'emmenait à la pêche et faire de la randonnée, mais il avait beaucoup de boulot et ne s'est pas occupé de nous autant que l'a fait ma mère. » « Ça lui a manqué de ne pas faire d'activités avec son père », glisse la mère de l'accusé, dont l'époux est aujourd'hui décédé.

Lors de l'année scolaire, Nordahl Lelandais pratique de nombreux loisirs – judo, natation, ski… L'été, il part avec toute sa famille en vacances en Espagne. Selon sa mère, il est un enfant calme, débrouillard et obéissant. En grandissant, il traverse une crise d'adolescence « légère », pendant laquelle il peut se montrer parfois un peu rebelle. Sur le plan de la scolarité, le jeune homme ne redouble pas, mais ne se montre guère brillant. Orienté vers un centre de formation d'apprentis en mécanique automobile, il met un terme à son cursus au bout d'un an.

En 2001, il décide de s'engager dans l'armée de Terre pour devenir maître-chien. Il réalise des missions en Guyane, est promu caporal. Ses évaluations décrivent un sportif de bon niveau, bon camarade, au caractère réservé et calme mais parfois versatile. Toutefois, en 2004, des « sautes d'humeur » lui sont reprochées et ses supérieurs notent qu'il n'a plus leur confiance. Il quitte l'armée l'année suivante. « En 2004, j'ai pris une fléchette de sarbacane dans l'œil et j'ai été opéré », souligne-t-il, assurant qu'on a tenté de le dissuader de porter plainte contre le sergent qui avait tiré cette fléchette. « Ça a été la principale cause de mon envie de quitter l'armée. Ce n'est pas pour rien qu'on l'appelle la grande muette… »

Après s'être brièvement installé en colocation à Grenoble, le natif des Hauts-de-Seine retourne au domicile parental de Domessin. Dans les années qui suivent la fin de sa carrière militaire, il enchaîne les courtes expériences professionnelles : vendeur, manutentionnaire, vendangeur, livreur, cariste, conducteur de véhicule sanitaire… En 2010, il crée une société de dressage canin mais éprouve des difficultés à réunir une clientèle fidèle et son entreprise périclite rapidement. Ces périodes de travail sont entrecoupées de nombreux arrêts maladie et de périodes de chômage. La sœur de l'accusé dit d'elle-même que son frère n'a « jamais été un gros bosseur ». Lui concède « n'avoir jamais été un grand fan de travail », précisant que l'intérim lui convenait car cela lui rapportait plus. « J'aime faire les choses qui me plaisent », explique-t-il.

L'enquêtrice de personnalité évoque ensuite la vie sentimentale de l'accusé, un sujet qui sera abordé à de nombreuses reprises lors de l'audience. À partir de ses 17 ans, Nordahl Lelandais alterne des aventures sans lendemain et d'autres plus significatives. Il mentionne une « dizaine » de relations sérieuses avec des femmes prénommées Sandra, Céline, Anouchka… Assurant que « tout s'est toujours passé dans le respect », il insiste : « Si on me refusait une demande, j'ai toujours respecté. » S'il affirme être hétérosexuel, il mentionne une relation avec un certain Richard en 2016, mais parle d'une « curiosité » plus que d'une « attirance ». « Le sexe est très présent dans la vie de Nordahl Lelandais », résume l'avocat de ce dernier, qui fait ajouter à son client qu'il a également entretenu d'importantes relations amicales.

L'enquêtrice passe rapidement sur l'état de santé du trentenaire – une hernie discale diagnostiquée en 2017, un suivi au centre médico-psychologique du Pont-de-Beauvoisin à une période indéterminée – avant de s'arrêter sur ses centres d'intérêt : la moto, le sport et notamment la boxe thaïlandaise, les soirées en boîte de nuit, les chiens…

« Les animaux, la nature, c'est une passion, ça me tient vraiment à cœur. On a toujours eu des chiens dans la famille », confirme le principal intéressé.

Le président, lui, interroge l'accusé sur son casier judiciaire, qui porte trace de deux condamnations. La première remonte au 29 avril 2009. Ce jour-là, Nordahl Lelandais écope de deux ans et demi de prison, dont dix-huit mois avec sursis, pour des faits de « dégradation aggravée », « vol aggravé » et « destruction par moyen dangereux pour les personnes » commis en octobre 2018. « À l'époque, je travaillais dans un bar. Avec deux personnes, on a eu une soirée alcoolisée. L'une d'entre elles a cassé la vitre de l'établissement et s'est coupé la main. Puis on a mis le feu », se souvient le mis en cause.

La seconde, qui date du 28 juin 2017, est une condamnation sur reconnaissance préalable de culpabilité (CRPC), procédure qui implique que le prévenu ait admis sa responsabilité. Nordahl Lelandais est cette fois-ci condamné à quatre mois de prison avec sursis pour avoir « publiquement et sans droit, usé d'un document justificatif d'une qualité professionnelle ou d'un insigne réglementés par l'autorité publique » et « dégradé un bien appartenant à autrui » le 1er février 2017.

L'accusé se lance dans une longue explication. « Je rentrais du travail, j'allais nettoyer mon véhicule. Comme il y avait beaucoup de monde à la station-service, une femme a voulu faire demi-tour et elle m'est rentrée dedans au niveau du pare-chocs. Elle a commencé à me faire signe de reculer en hurlant et en m'insultant, elle a même poussé mon véhicule. Je suis sorti, elle a fait une marche arrière comme pour me rentrer dedans et elle a pris la fuite. Je ne voulais pas laisser passer ça, je l'ai suivie. Elle est sortie de sa voiture, a commencé à taper sur le toit de mon véhicule. J'ai voulu calmer la situation. À l'époque, je faisais des parties d'airsoft, et j'avais mes habits dans mon coffre. Pour la calmer, j'ai sorti un brassard de police qui nous servait à créer des scénarios. Elle a continué à m'insulter et a voulu me mettre une claque. J'avais sur moi un petit couteau suisse, j'ai mis un coup dans son pneu. C'était débile… J'étais énervé. J'aurais dû laisser couler. »

Reste la question des stupéfiants. Auprès de l'enquêtrice de personnalité, Nordahl Lelandais a évoqué une consommation de cannabis de ses 17 à ses 30 ans, et une prise de cocaïne occasionnelle depuis 2015. À l'audience, il insiste sur une augmentation de sa consommation de cocaïne en 2017, l'année de la mort d'Arthur Noyer et de Maëlys De Araujo. « Vers la fin de l'année 2016, puis en 2017, je me suis rendu compte que j'étais en décalage. Mes amis avançaient dans la vie, moi j'étais un peu un vagabond, je ne trouvais pas spécialement ma place. Je me posais des questions, j'étais déprimé, je prenais de la cocaïne de plus en plus souvent, je me retrouvais à boire tout seul chez moi… J'avais un vrai mal-être, j'étais en train de m'enfoncer seul. » L'avocate générale demande pourquoi il n'en a pas parlé plus tôt. « J'avais peur et surtout honte de rajouter quelque chose en plus, de dire que j'étais un drogué. »

Appelées à la barre pour témoigner, la mère et la demi-sœur de l'accusé confirment pour l'essentiel le récit de ce parcours de vie. « C'était un enfant désiré, doux et gentil, pas très bavard. Il a grandi dans une famille tout à fait normale, il n'y a rien à redire sur son enfance, rien !

lance Christiane Lelandais, aujourd'hui retraitée. Il a connu une adolescence sans plus de problèmes que cela, puis, en tant qu'adulte, il a vécu sa vie. Même s'il vivait chez nous, il avait son espace à lui. » Visiblement émue, Alexandra, âgée de 43 ans, affirme de son côté qu'elle « a toujours eu de très bons rapports avec [son] frère », qu'elle qualifie de « peu loquace, discret et secret ».

Les deux femmes, qui assistent à l'audience assises côte à côte dans la salle Antoine-Favre, comme repliées sur elles-mêmes, confient à la cour leur incompréhension face aux actes reprochés à leur fils et frère. « Ce qu'il a fait, c'est terrible, c'est horrible, je ne comprends pas… Surtout à un enfant. Ça n'empêche pas que ça me fait de la peine [pour Arthur Noyer, NDLA], mais en même temps, s'il y a un degré de peine, j'ai plus de peine pour la petite Maëlys », déclare Alexandra.

« Ce qui s'est passé, je ne l'ai pas vu venir », assure quant à elle Christiane Lelandais. « À l'hôpital [Nordahl Lelandais a été longuement hospitalisé lors de sa détention provisoire, NDLA], j'ai cru voir un zombie. Ce n'était plus Nordahl, je ne le reconnaissais pas, c'était quelqu'un de complètement différent. Aujourd'hui, il est bien. Je retrouve mon fils. » Poussée par Me Boulloud, le conseil des parties civiles, Christiane Lelandais se tourne ensuite vers son fils et lui lance : « Je te demande, Nordahl, de dire toute la vérité, pour les parents d'Arthur. » « Bien sûr Maman, je vais le faire », répond l'accusé, qui présente ses excuses à la famille Noyer et répète qu'il « n'a pas voulu donner la mort » au jeune militaire.

Deux témoins de personnalité viennent clôturer cette première journée d'audience. Le premier, Jean-Marc F.,

66 ans, est aumônier de prison au centre pénitentiaire de Saint-Quentin-Fallavier, où il a fait la connaissance de Nordahl Lelandais. « J'ai bien vu l'évolution entre le moment où il niait les méfaits qui lui étaient reprochés et le moment où, confronté à l'évidence, il a avoué ses crimes », commence le témoin, très doux, avant de s'adresser directement au mis en cause : « Vous m'avez souvent dit que vous pensiez à vos victimes, aux familles ; vous m'avez souvent fait part de vos regrets. Vous devez cette vérité à cette famille [la famille Noyer, NDLA] qui vit un calvaire. Nordahl, je compte sur vous. » Jean-Marc F. termine par une citation de Saint-Vincent de Paul : « L'homme vaut plus que les actes qu'il a commis. »

Changement radical d'ambiance lorsque Dominique D. vient se camper à la barre. Ancien chef de section de Nordahl Lelandais à l'armée, le militaire ne mâche pas ses mots sur son ex-subordonné. « On a eu beaucoup de difficultés sur son caractère. Il avait beaucoup de mal à accepter les ordres. On sentait qu'à l'intérieur, c'était bouillonnant, mais il arrivait quand même à se tenir. Il était compliqué à gérer, il fallait le surveiller en permanence. On n'avait aucune confiance en lui », raconte Dominique D., qui a même utilisé le terme de « boule puante », « parce qu'on ne voulait pas qu'elle explose ». Quand vient son tour d'interroger le témoin, Me Jakubowicz attaque durement, rappelant notamment que les évaluations de Nordahl Lelandais, signées par son chef de section lui-même, étaient bien moins négatives que le portrait dressé à la barre en cette fin de journée. À 20 h 26, le président suspend finalement l'audience jusqu'au lendemain.

Le procès Noyer, jour 2

Leurs noms avaient été évoqués au premier jour d'audience ; lors de la deuxième journée, cinq anciennes relations de Nordahl Lelandais, quatre femmes et un homme, défilent à la barre. Exercice ô combien difficile pour Chloé, Vanessa, Céline, Elena et Richard que de raconter leurs rapports avec un homme qui comparaît aujourd'hui pour « meurtre », face à une assistance nombreuse dans laquelle figurent des dizaines de journalistes... Ainsi vont les procès d'assises, véritable plongée dans l'intime, souvent douloureuse et impudique mais nécessaire – dans une certaine mesure – pour comprendre et juger la personne accusée d'un crime.

Les acteurs de ce premier procès Lelandais en sont bien conscients, et ne manquent pas d'adresser un petit mot à certains témoins. « Il faut beaucoup de courage pour venir parler publiquement de sa vie sexuelle et je vous remercie pour ce courage », lance ainsi l'avocate générale à l'une des jeunes femmes. « Ça doit être terrible pour vous de parler de [votre] vie sexuelle devant autant de monde, franchement merci et mes respects », renchérit Me Jakubowicz, l'avocat de Nordahl Lelandais, auprès d'une autre ancienne compagne de l'accusé.

La première à se présenter à la barre s'appelle Chloé. Âgée de 26 ans, cette travailleuse dans l'économie sociale vit à Saint-Étienne (Loire). « J'ai rencontré M. Lelandais en 2012. Mes parents l'avaient recruté pour dresser ma chienne. Assez rapidement, il m'a écrit des messages qui dépassaient le cadre du dressage canin en sous-entendant que je lui plaisais. Nous nous sommes vus pendant un certain temps. Principalement dans sa voiture, au niveau du stade de Saint-Baldoph ou dans un endroit un peu isolé au-dessus de chez mes parents. Et aussi une fois chez moi, une fois chez ses parents à lui... Ça a duré toute ma dernière année de lycée et plus tard, quand j'étais étudiante à la fac à Lyon. »

La jeune femme aux longs cheveux châtains, vêtue d'une chemise bleue, d'un jean et de baskets blanches, aurait souhaité que cette relation évolue, mais ce n'est pas ce qui se produit. « Ce n'était pas une relation amoureuse, on se voyait, c'était une simple relation d'ordre sexuel, voilà. Moi, ce que j'attendais, c'était davantage. » Elle cesse de voir Nordahl Lelandais « fin 2014-début 2015 ». « Il a parfois tenté de me recontacter par le biais de différentes plateformes, mais je n'ai pas donné suite. Pour moi, c'était terminé. Il m'a fallu du temps pour me reconstruire et, encore aujourd'hui, je pense qu'il reste des traces. L'adulte que je suis devenue ne trouve absolument rien de normal à cette relation. »

Chloé assure que l'accusé ne lui « a jamais fait de mal physiquement » et que son comportement pendant leurs relations sexuelles n'avait « rien d'anormal ». Avant d'ajouter, suscitant des grimaces dans la salle : « Il a pu manquer de délicatesse et de douceur, mais rien qui ne m'ait particulièrement marquée... Quelques fois, je lui ai demandé d'arrêter sans qu'il le fasse. » Elle se souvient de « discussions relativement sympathiques » avant et après le sexe, à l'exception d'une conversation lors de laquelle elle l'a interrogé sur son passage au statut « en couple » sur Facebook. « Il s'est emporté, m'a dit qu'il n'avait pas de comptes à me rendre et qu'il faisait ce qu'il souhaitait. »

Avec du recul, la travailleuse sociale estime que cet homme de douze ans plus âgé avait « une certaine emprise » sur elle. « Il y a eu de nombreuses coupures, des reprises. J'étais une ado, je manquais de confiance en moi. Est-ce qu'il en a profité ou pas, je ne saurais le dire. Aujourd'hui, c'est mon sentiment, mais est-ce que c'était volontaire de sa part, je ne sais pas... » Lorsque le nom de son ancien amant « est apparu dans l'affaire Maëlys et tout ce qui a pu suivre », Chloé a été « extrêmement choquée ». « Je suis tombée des nues. Je n'aurais jamais pensé qu'il aurait pu faire ça... »

Vanessa, 34 ans, succède à Chloé et décrit quant à elle une relation amoureuse qui a comporté « une vie commune très courte » avec l'accusé. « On s'est rencontrés *via* notre passion pour les chiens. Notre relation a commencé en décembre 2013. Nous nous sommes installés ensemble en juin 2014 et séparés fin juillet », raconte la jeune femme blonde, vêtue d'un Perfecto et d'un pantalon noirs.

« Je marche beaucoup au feeling et, au début, ça se passait bien. On partageait un amour pour les chiens. Il était gentil avec mon fils, mais je ne voulais pas qu'il joue le rôle du papa pour autant. Côté sexuel, c'était très intense. Il avait un besoin énorme de relations sexuelles. S'il avait envie de le faire, on le faisait », dans une chambre mais aussi sur le capot de sa voiture, aux toilettes, dans un champ, explique la vendeuse de lingerie et d'« objets pour adultes », qui admet sans difficultés être elle aussi « portée sur la chose ». « J'étais consentante, et demandeuse aussi », souligne Vanessa, qui a toutefois découvert que Nordahl Lelandais l'avait « filmée à son insu » lors de leurs relations sexuelles. « Forcément, c'est plus facile puisque j'avais les yeux bandés », glisse Vanessa qui décrit du « sadomasochisme soft ».

La relation entre Vanessa et Nordahl Lelandais ne tarde cependant pas à se détériorer. Premier accroc, la jeune femme tombe enceinte. « Je voulais avorter, pour moi c'était trop tôt, je sortais tout juste d'un mariage. Lui voulait le garder. » Elle finit par avorter. Le couple s'installe tout de même ensemble, et la situation « se dégrade peu à peu ». « Il était jaloux et possessif, avait du mal à accepter mes amitiés. Il ne travaillait pas, c'était un tire-au-flanc, moi j'avais un emploi. Il fallait que je lui demande de participer aux tâches ménagères. On avait des disputes sur les aléas du quotidien, ça arrive dans un couple mais c'était de grosses disputes. Une fois, on s'est disputés parce que mon fils ne finissait pas son assiette. De grosses insultes ont été échangées, mon fils était caché sous la table, ça l'a marqué… Une autre fois, au parc, il s'en est pris à une dame dont le chien, détaché, était allé voir sa chienne. Je lui ai dit qu'il ne fallait pas s'énerver et qu'il valait mieux prendre les choses calmement. Il m'a reproché de ne pas aller dans son sens », se souvient Vanessa.

Selon la jeune femme, ces violences verbales se transforment en violences physiques au moment de la séparation du couple. « Il ne voulait pas qu'on se sépare sauf que j'avais fait mon choix. Nous n'avions plus de relations sexuelles depuis un petit moment, c'était très tendu, je ne voulais plus qu'il me touche. En revenant de mon week-end d'anniversaire en montagne, je lui ai dit que je voulais qu'on se sépare et c'est là que ça a commencé à être très dur. C'est le seul moment où il a été violent physiquement avec moi. Il m'a entraînée dans la chambre, m'a soulevée, m'a secouée », mime le témoin. « Il m'a jetée sur le lit, a fait le geste d'un coup de boule mais s'est arrêté à ça de moi. J'avais peur mais je ne voulais pas lui montrer, je lui ai tenu tête. Il m'a traitée de pute, de bouffonne. Il m'a dit que si je portais plainte, il s'en prendrait à mon père. »

Encore plus que Chloé, Vanessa se dit « très marquée » par sa relation avec Nordahl Lelandais. « J'ai totalement perdu confiance dans les hommes. Je me suis forgé une carapace. Ça a été dur de se remettre, il y a eu des menaces que je n'ai jamais oubliées, comme quand il m'a dit : "Je vais te faire bouffer le carrelage"... Même aujourd'hui, j'ai encore des douleurs de dos de la fois où il m'a secouée comme une feuille de papier et jetée dans la chambre. Avec les faits [reprochés à l'ex-militaire, NDLA], tout est ressorti alors que c'est un passage que j'aimerais oublier », conclut le témoin après trois quarts d'heure d'audition.

Céline, en pantalon noir et manteau blanc, n'a quant à elle pas vécu en concubinage avec l'ancien maître-chien. « J'ai eu une relation d'un an et sept mois avec lui, entre mai 2015 et décembre 2016. C'est aussi mon agresseur, puisque, après notre rupture, j'ai été harcelée et traquée pendant des mois. » Le témoin connaît Nordahl Lelandais depuis 2003. Ils se rencontrent dans un club de sport où lui vient s'entraîner et où elle prépare un diplôme de coach sportif. Puis ils tombent l'un sur l'autre sur un site de rencontres. « On se connaissait déjà de vue, ça a facilité les choses. On avait beaucoup de points communs, comme l'amour des animaux, la spiritualité… C'était quelqu'un de très ouvert. »

Une relation commence. La jeune femme « fait patienter » le natif des Hauts-de-Seine avant d'entamer des rapports sexuels avec lui. « J'ai pris le temps de le connaître. Il a fait preuve de beaucoup de patience. Je dirais que nos relations sexuelles étaient normales. » Céline décrit cette relation comme « très sérieuse ». « Je n'en aurais pas fait un mari mais c'était très sérieux. » Une lettre d'amour envoyée par l'accusé à la jeune femme – que cette dernière assure ne pas avoir lue – semble aussi aller en ce sens. « Tu es mon amoureuse que j'aime, mon amoureuse à moi, tu es la femme de ma vie, je t'aime, ton Nono », lit ainsi Me Jakubowicz à voix haute.

Céline utilise toutefois des mots très durs pour qualifier son ancien conjoint : « C'était quelqu'un qui se mettait en colère pour tout, qui faisait toujours la gueule. Il était très possessif, très jaloux, et surtout, menteur, menteur, menteur. Même pris la main dans le sac, il mentait. » Début décembre 2016, elle décide de le quitter. « Ça a été difficile. Il voulait se suicider. Le premier acte violent à mon encontre, une claque, est survenu le jour où je suis allée récupérer mes affaires chez lui. » La relation reprend cependant pendant une quinzaine de jours en mars 2017. « J'ai appris qu'il m'avait trompée, j'y ai mis fin. Et là, le harcèlement a commencé. Le dimanche 9 avril [quelques jours avant la mort d'Arthur Noyer, NDLA], nous avons eu un gros *clash* au téléphone. Le lendemain, j'ai décidé de changer de numéro de téléphone et de lui faire savoir que j'étais en couple, ce qui l'a mis en rage. »

Le témoin raconte avoir un jour croisé Nordahl Lelandais en forêt alors qu'elle promenait ses chiens. « Il ne m'a rien fait mais il était venu pour me terroriser. Il était toujours dans mon champ visuel », insiste la jeune femme, qui affirme avoir « déposé deux plaintes contre lui et cherché secours quatre fois dans la même gendarmerie ». « Il a cherché à me tuer, va-t-elle jusqu'à déclarer, en larmes. Dire que dans mon cœur, il n'y a pas de colère, ce ne serait pas vrai car il y en a beaucoup. »

Ce témoignage fait forte impression sur l'assistance. L'avocate générale précise toutefois que les deux plaintes évoquées, l'une pour « atteinte à la vie privée » et l'autre pour « mise en danger d'autrui » ont été classées sans suite car « insuffisamment caractérisées ». Et Me Jakubowicz, s'indignant que le bandeau d'une chaîne de télévision en continu diffuse « à cette minute même » la phrase « Il a cherché à me tuer », cherche à montrer la faiblesse des déclarations de Céline. « Étiez-vous jalouse ? » demande-t-il. « Non, pas du tout », répond-elle. « Il a cherché à vous tuer ? » insiste-t-il. « Oui, il rôdait en attendant que je sois seule », assure-t-elle.

Avant la pause déjeuner, le président décide d'entendre un dernier témoin, très attendu : Richard. Le jeune homme, qui habite en Suisse, fait son entrée en veste et en jean. « J'ai rencontré M. Lelandais en 2016 sur un site de rencontres. J'avais un profil sur Badoo, je ne sais plus qui a contacté l'autre. » La première rencontre physique entre les deux hommes est programmée au début du mois d'octobre 2016. « On s'est retrouvés à un péage. Je lui avais demandé de venir en tenue militaire, il était en treillis. Il m'a mis dans le coffre de sa voiture et m'a emmené au lac d'Aiguebelette. J'étais consentant, c'est moi qui suis monté dans le coffre », précise le témoin face à l'expression interloquée du président.

Décrivant une relation « dominant-dominé », Richard raconte un premier rapport sexuel devant la voiture de Nordahl Lelandais, puis entre deux et cinq autres relations, toujours au lac d'Aiguebelette, avec « tenues militaires ou moulantes, menottes, godes, laisses ». « À l'époque, j'avais certains fantasmes qui répondaient aux siens », glisse le jeune homme, qui ajoute avoir vu l'accusé prendre de la cocaïne « avant et pendant » leurs rapports sexuels. « Il se droguait presque à chaque fois qu'on se voyait. » Sur le moment, Richard n'a « pas eu de sentiment d'insécurité », ne s'est « pas senti en danger ». Mais rétrospectivement, il s'effraie : « J'aurais très bien pu finir comme le caporal Noyer… »

Nordahl Lelandais et Richard restent en contact jusqu'au printemps 2017. Le 11 avril, le premier cherche à voir le second, mais ce dernier n'est pas disponible. Le président commente : si une rencontre avait eu lieu, « qui sait ce qu'il serait advenu… ». La suite est hélas connue : dans la nuit du 11 au 12 avril, l'ancien maître-chien prend en stop le caporal Noyer, qui ne donne ensuite plus signe de vie, et dont les ossements seront retrouvés des mois plus tard. « Vous n'avez absolument rien à voir avec la mort d'Arthur », lance Me Bernard Boulloud, l'avocat des proches de la victime, à Richard. « Je suis désolé pour vous en tout cas », répond le jeune homme, en larmes.

Elena, 54 ans, ferme le bal des anciennes relations de l'accusé appelées à la barre en ce mardi 4 mai. Avec un fort accent d'Europe de l'Est, elle raconte s'être inscrite sur un site de rencontres en décembre 2015. Au printemps 2016, elle fait la connaissance de Nordahl Lelandais « sous le prénom Jordan ». « Je voulais une relation durable, mais on ne se voyait pas très souvent. Je l'ai vu une dizaine de fois entre mars-avril 2016 et mai-juin 2017. Je croyais que j'étais toute seule, qu'il n'y en avait pas d'autres… Mais je n'ai rien à lui reprocher, avec moi il était correct, très sympa. »

La quinquagénaire explique que son amant la filmait parfois lors de leurs ébats. « J'ai laissé faire, il me disait que c'était pour regarder après. » Elle estime l'avoir vu pour la dernière fois en mai 2017, mais être restée en contact avec lui jusqu'à son interpellation dans l'affaire Maëlys. « J'ai été choquée quand j'ai su ce qu'il se passait. J'ai essayé d'effacer cette histoire de ma tête, j'étais trop traumatisée. »

Puis Elena cède sa place face à la cour à David, 36 ans, gérant de société et « ex-ami » de l'accusé. « Je le connais depuis à peu près vingt ans. On sortait en boîte de nuit, etc. Puis petit à petit, on s'est écartés. Il est resté dans l'adolescence, nous on a pris un autre chemin avec des enfants, un travail… Je ne lui aurais pas confié ma fille, il n'était pas mature pour garder un enfant », souligne brièvement le témoin, qui note cependant que Nordahl Lelandais était « très serviable » – un qualificatif déjà revenu à plusieurs reprises.

À 16 h 17, le président demande à l'accusé de se lever et annonce son intention de l'interroger sur la nuit du 11 au 12 avril 2017. « Ce soir-là, j'étais à Chambéry.

Au moment de repartir pour rentrer chez moi, j'ai vu un jeune homme au niveau d'un rond-point, pratiquement au milieu de la route, qui me faisait signe de m'arrêter. J'ai ouvert ma fenêtre, il a ouvert ma portière et m'a demandé si je pouvais le déposer à Saint-Baldoph. Je lui ai dit : "Pas de souci". Ça ne me faisait pas un si grand détour sachant que de Saint-Baldoph, je pouvais reprendre la voie rapide », commence Nordahl Lelandais.

« Sur le chemin, on en est venus à cette histoire de téléphone volé en boîte de nuit [au cours de la soirée, Arthur Noyer s'était fait dérober son portable avant que les voleurs ne lui restituent l'appareil, NDLA]. On est restés sur cette conversation pendant la majorité du trajet. Dans la voiture, avec moi, il n'était pas spécialement énervé, mais quand je me suis arrêté j'ai senti un certain énervement. » Selon l'accusé, le militaire lui a demandé de le déposer près du centre de Saint-Baldoph parce qu'un de ses amis n'habitait pas loin – une version fortement contestée par les parties civiles et l'accusation. « Il voulait retourner à Chambéry avec cet ami pour s'expliquer avec les personnes qui lui avaient volé son téléphone. Je lui ai dit que ça ne servait à rien. »

Face aux parents d'Arthur Noyer, extrêmement attentifs mais visiblement très éprouvés, Nordahl Lelandais continue son récit : « Il est sorti du véhicule, mais son portable était resté sur le siège passager. Je suis descendu pour le lui rendre. Il a pensé que c'était moi qui étais à l'origine du vol, ou que j'étais avec les gens qui lui avaient volé. Il m'a dit : "Ah en fait c'est toi", je lui ai dit : "Non". Je n'ai pas eu le temps de finir qu'il m'a mis un coup de poing au niveau de la lèvre. Je lui ai répété que je n'y étais pour rien, mais il m'a mis un deuxième coup. De là s'est engagée une bagarre, j'ai répliqué avec des coups de poing... À un moment donné, il est tombé en arrière. Je pensais qu'il était KO, je me suis avancé vers lui pour le réveiller ou un truc comme ça. J'ai senti qu'il n'y avait plus de mouvement de sa part. J'ai approché mon oreille de sa bouche pour voir s'il respirait et mis ma main sur son torse. J'ai touché sa carotide pour voir s'il y avait un pouls. J'ai décidé de lui faire un massage cardiaque, mais il n'y a eu aucune réaction. »

La tête légèrement penchée, les mains croisées sur le ventre, l'accusé se tait un long moment. Puis reprend : « Je me suis relevé, je ne savais pas quoi faire. Je suis allé vers mon véhicule, je me suis assis sur le siège conducteur. Puis je me suis dit que je ne pouvais pas rester dans cette situation. J'ai décidé de tenter un nouveau massage cardiaque, puis de mettre [le corps dans mon coffre]. J'ai commencé à rouler sans savoir réellement où aller. Je suis passé devant l'endroit où habitait Chloé [la jeune femme entendue en premier dans la matinée, NDLA], mécaniquement j'ai pris cette route. Une fois arrivé là-haut, je suis sorti de ma voiture, j'ai marché quelques pas. Je ne savais toujours pas quoi faire. Au bout d'un certain temps, j'ai repris mon véhicule et je suis parti. J'ai pris la montée de Curienne, où j'étais allé une fois avec Vanessa [la deuxième jeune femme entendue, NDLA]. À un moment donné, dans une épingle à cheveux, je me suis arrêté et j'ai décidé de déposer le corps de M. Arthur Noyer à cet endroit. Une fois le corps déposé, je suis reparti. »

L'ancien maître-chien s'arrête de parler. Dans la salle d'audience, le silence est absolu. « Vous avez fini sur votre version des faits ? » s'assure le président François-Xavier Manteaux. L'accusé répond par l'affirmative. « Désolé, Arthur, je sais que tu es face à moi aujourd'hui. Désolé pour ta famille, lance-t-il, le visage tourné vers le grand portrait du caporal qui trône dans la salle depuis la veille. Je dis ce qui s'est passé. Je dis la vérité. » Après ces dix minutes intenses, une suspension d'audience est ordonnée, le temps que tout le monde reprenne ses esprits.

Une demi-heure plus tard, le directeur d'enquête, Bernard J., se présente en uniforme à la barre. Il explique que l'affaire de la disparition d'Arthur Noyer a d'abord été confiée à la gendarmerie de Chambéry. La section de recherches (SR) de la gendarmerie, « un service de police judiciaire de la police nationale », a été saisie le 19 juin 2017. Bernard J., qui y exerce depuis 2006, a alors été désigné pour diriger l'enquête.

Avec précision, le quadragénaire retrace les dernières heures de vie d'Arthur Noyer. « Il finit son service au 13e bataillon de chasseurs alpins, à Barby, à 17 heures. Il boit quelques bières au bar du bataillon. Puis il se rend à la brasserie du Mont-Blanc avec d'autres militaires. À 22 heures, ils retournent à la caserne. Un de leurs camarades leur fournit un demi-gramme de cocaïne, ils s'isolent près du stade pour consommer. » Vient ensuite le moment du départ pour un bar de Chambéry. Puis la petite bande se sépare vers minuit : trois militaires rentrent à Barby, les deux autres, dont Arthur Noyer, restent en ville et se dirigent finalement vers la boîte de nuit le *RDC*, située dans le Carré Curial.

« Arthur Noyer rencontre d'autres militaires, danse, profite de sa soirée. Vers 2 heures du matin, il titube, s'avachit sur le comptoir. Un employé le raccompagne à la sortie de la boîte. Il reste devant l'établissement pendant une demi-heure, discute avec plusieurs personnes, notamment deux qui lui voleront son téléphone plus tard dans la soirée. » Un peu plus tard, ces deux individus sont en effet vus en train de suivre Arthur Noyer dans la rue. Ils lui dérobent son portable puis partent en courant, ce qui interpelle une passante, qui comprend ce qui se passe et prévient la police. « Au moment où elle raccroche, l'un des voleurs lui restitue le téléphone. La police arrive, Arthur explique qu'il ne veut pas porter plainte », continue Bernard J.

Le jeune homme retourne vers le Carré Curial, passe des appels à son camarade du 13e BCA qui ne répond pas, rentre dans la boîte de nuit et récupère sa veste. « Il parle à des gens qui ont fermé leur établissement », est vu en train de courir au milieu de la rue de la République. « À 3 heures du matin, son téléphone prend la direction de Saint-Baldoph à une vitesse qui nous fait penser qu'Arthur Noyer est à bord d'un véhicule », conclut le gendarme.

Après le signalement de la disparition du jeune homme, d'importantes recherches sont menées, aussi bien par les autorités compétentes que par ses camarades militaires et ses proches. « Il avait de nombreux amis, avait réussi le concours de sous-officier et devait intégrer une école. Il n'avait aucune raison de déserter ou d'attenter à ses jours », commente le directeur d'enquête, qui explique cependant que son équipe est partie « tous azimuts » afin de ne négliger aucune piste.

L'une de ces pistes est une Audi A3 repérée à Chambéry dans la tranche horaire de la disparition d'Arthur Noyer.

Mais la plaque n'est pas visible, et près de trois mille véhicules peuvent correspondre à cette voiture dans la région. À la fin du mois d'août 2017, l'attention des enquêteurs est attirée par le fait que Nordahl Lelandais, le suspect dans l'affaire Maëlys, possède justement une Audi A3. En interrogeant des opérateurs téléphoniques, ils s'aperçoivent que le Savoyard se trouvait bien à Chambéry dans la nuit du 11 au 12 avril. Ils découvrent également que, le 25 avril, il a effectué une recherche sur son téléphone portant sur la « décomposition d'un corps humain ». « Si Nordahl Lelandais n'avait pas été mis en cause dans un autre dossier, auriez-vous pu remonter jusqu'à lui ? » interroge le président. « Il est très compliqué de répondre à cette question. Nous y serions peut-être arrivés, mais certainement pas dans un délai aussi court », souligne Bernard J.

Les événements se précipitent à la fin de l'année 2017. Le 6 décembre, le téléphone d'Arthur Noyer est découvert « fortement endommagé » sur un terrain situé à côté de la brigade de gendarmerie de Challes-les-Eaux. Quelques jours plus tard, un crâne retrouvé près de Montmélian, à Cruet (Savoie) en septembre par un randonneur est officiellement identifié comme celui du jeune homme. Plus tard, des ossements sont découverts sur plusieurs dizaines de mètres carrés, « éparpillés par des animaux sauvages », précise Bernard J. Un blouson contenant le portefeuille du disparu est aussi retrouvé. Placé en garde à vue puis mis en examen dans le cadre de cette affaire Noyer, Nordahl Lelandais commence par nier son implication, puis finit, après plusieurs mois, par avouer avoir tué le caporal.

Après Bernard J. se succèdent à la barre deux experts qui complètent l'audition du directeur d'enquête par le biais de dépositions brèves et techniques : un de l'Institut de recherche criminelle de la Gendarmerie nationale (IRCGN) de Pontoise, l'autre de la police technique et scientifique d'Écully. À 20 h 51, le président de la cour d'assises de la Savoie met fin à la journée d'audience.

Le procès Noyer, jour 3

Pendant les deux premiers jours d'audience, il a été essentiellement question de l'accusé. En ce mercredi 5 mai, place à la victime, avec les auditions de plusieurs anciens frères d'armes d'Arthur Noyer. La journée commence par le témoignage, en visioconférence, de Vincent, 27 ans, col roulé crème et veste beige. Aujourd'hui poseur-applicateur dans une entreprise de couverture, le jeune homme est le militaire du 13e bataillon de chasseurs alpins avec lequel Arthur Noyer a passé sa dernière soirée, dans la nuit du 11 au 12 avril 2017. Il avait signé un contrat de huit ans avec l'armée, mais n'est pas allé au terme de ce contrat. « J'ai demandé à partir pour raisons psychologiques. J'avais fait pas loin de cinq ans et ça n'allait plus très bien. Je ne me sentais pas bien par rapport à tout ça [la disparition d'Arthur Noyer, NDLA]. C'était devenu un peu plus dur chaque jour », explique-t-il douloureusement.

Vincent est arrivé au 13e BCA quelques mois seulement après Arthur Noyer. « On avait trois mois d'écart entre chaque classe. On devait choisir un parrain, j'ai choisi Arthur. Il m'a pris sous son aile comme font les plus anciens à l'armée. On a tout de suite accroché, c'était quelqu'un d'adorable, de réel, d'honnête. Il avait cette facilité d'aller vers les autres. Il aimait plaisanter, profiter de chaque moment. On avait tout un groupe d'amis, on a fait pas mal de sorties ensemble, surtout le jeudi soir. » Le 11 avril 2017 était un mardi. Ce soir-là, Arthur, Vincent et trois camarades boivent « quatre ou cinq bières » à la « popote » du BCA, puis « deux ou trois » à la brasserie du Mont-Blanc, avant de revenir au bataillon « pour récupérer une substance illicite auprès d'un autre militaire ». Selon Vincent, Arthur Noyer n'avait jamais pris de cocaïne, et lorsqu'il a essayé de le faire ce soir-là, « tout est tombé par terre ». « Nous étions bien, euphoriques, on faisait juste la fête. »

Puis c'est la virée à Chambéry, les bars, la boîte de nuit le *RDC*. « La carte d'Arthur ne passait pas. J'ai payé son entrée et la mienne, j'ai pris une demi-bouteille de vodka », se souvient le jeune homme. La soirée s'écoule. « J'ai perdu Arthur de vue, puis je l'ai retrouvé devant la boîte. Un des videurs m'a dit qu'il l'avait viré parce qu'il avait trop bu. Il était éméché, joyeux, mais pas au point de faire des bêtises, et il tenait debout. Je lui ai dit de ne pas bouger, de m'attendre pendant que j'allais prendre ma veste. Mais, quand je suis ressorti, il n'était plus là. Je me suis dit qu'il avait trouvé quelqu'un pour le ramener et j'ai continué ma soirée avec deux autres membres du 13e BCA que j'avais retrouvés dans la boîte. Ce n'est qu'à la fin de la soirée que j'ai vu les trois appels manqués d'Arthur. »

Pour l'ancien militaire, la thèse de la colère du jeune caporal après le vol de son téléphone ne tient pas. « Il n'était pas énervé ce soir-là. Son téléphone lui servait plus à appeler sa famille qu'autre chose. Et c'était plutôt quelqu'un qui aimait crever l'abcès directement. Tout au long de nos sorties, je ne l'ai d'ailleurs jamais vu une seule fois s'énerver, porter des coups, agresser quelqu'un ; il a toujours été jovial. Mais oui, il savait se défendre ; à l'armée, nous faisions des stages d'aguerrissement et apprenions des techniques de combat », conclut Vincent en réponse aux questions des différentes parties.

Le deuxième ancien militaire qui succède à Vincent, Alexis, confirme : « Arthur était jovial, sociable, toujours de bonne humeur. Je ne l'ai jamais vu énervé, agresser quelqu'un ou mal parler à quelqu'un. Il a toujours été très gentil avec tout le monde. Il parlait souvent à des gens qu'il ne connaissait pas, il était comme ça dans la vie de tous les jours ! » Veste kaki et haut bordeaux, le jeune homme de 25 ans, aujourd'hui préparateur matériel dans l'automobile, souligne que son camarade était « plutôt discret sur ses relations amoureuses ». « Mais il était hétéro, à chaque fois qu'il nous parlait de ses relations passées, c'était avec des filles », précise-t-il. Le soir du drame, Alexis n'était pas avec sa bande de copains ; Arthur le bon copain, le généreux, lui avait prêté sa voiture pour qu'il se rende à Grenoble.

Théo, 27 ans, n'a pas non plus passé la nuit du 11 au 12 avril 2017 avec Arthur, Vincent et les autres. « Ce soir-là, je suis resté au bataillon pour regarder un match de foot », se remémore celui qui est aujourd'hui au chômage. Au 13e BCA, Arthur et lui partageaient la même chambre. Il garde le souvenir d'un garçon « gentil, souriant, toujours très respectueux, très bien élevé, ouvert d'esprit. C'était vraiment quelqu'un de bien. Il nous donnait le sourire au réveil et il nous faisait rire toute la journée, il était tout le temps de bonne humeur. Arthur, c'était la personne que tout le monde adorait. »

Après ces trois témoins liés à la victime, un intérimaire de 29 ans qui « connaissait » Nordahl Lelandais puis un ancien copain de l'accusé se succèdent à la barre. « C'était un ami que j'avais rencontré à l'adolescence, mais on s'est un peu perdus de vue quand il est parti à l'armée », commente Cyrille, 37 ans, qui tenait à l'époque des faits le bar chambérien le *Why Not*. « J'avais confiance en lui. Je l'ai laissé avec ma fille, si j'avais eu le moindre doute je ne l'aurais jamais fait… »

C'est un autre patron de bar, aujourd'hui retraité, qui clôture la matinée d'audience. Alain, 67 ans, gérait en 2017 le *Charlie's* et le *O'Pogues*. Il connaissait bien la petite bande du 13ᵉ BCA. « Ils étaient souvent ensemble, à cinq ou six. Ils prenaient leur petite bouteille. Je n'ai jamais eu de souci avec eux, ça se passait super bien », décrit le témoin. Le soir du drame, il croise Arthur Noyer dans la rue. « S'il vous plaît monsieur, pouvez-vous me ramener jusqu'à Barby ? » lui demande le jeune militaire. « Il était éméché mais pas du tout ivre mort, il parlait distinctement. Je devais encore fermer mon bar et faire de l'administratif, je lui ai dit qu'on se voyait après, mais je ne l'ai pas revu », termine Alain.

À la reprise, peu après 14 heures, Timothée, 26 ans, se présente à la barre. Lui aussi appartient au monde de la nuit chambérien. À l'époque des faits, celui qui travaillait au *Melody* – il a changé d'établissement depuis – assure avoir « simplement » croisé Arthur Noyer et avoir vu un bref échange avec lui au Carré Curial au milieu de la nuit. Il laisse rapidement sa place dans la salle d'audience à un autre témoin qui s'avère bien plus intéressant. Véronique, 29 ans, est aujourd'hui vendeuse en boulangerie. En 2017, elle travaillait au Carré Curial.

Dans la nuit du 11 au 12 avril, elle quitte son travail et emprunte les rues de Chambéry pour rentrer chez elle. « J'ai vu deux personnes sortir en courant d'une ruelle. J'ai trouvé ça louche. Au début, je me suis dit que j'étais une fille, toute seule, et qu'il était 2 heures du matin, mais j'ai pris mon courage à deux mains, et je suis allée voir », commence Véronique, blonde aux cheveux courts dont la chemise gris clair laisse apparaître plusieurs tatouages. « J'ai vu Arthur. Il titubait un peu, il était perdu. Je lui ai demandé : “Ça va, tout va bien, qu'est-ce qui s'est passé ?” Il m'a expliqué et m'a dit qu'il n'avait pas trop résisté. J'ai appelé la police. Entre-temps, les deux hommes ont dû voir que je m'étais arrêtée et que j'avais contacté la police : ils ont reposé le téléphone sur un poteau. »

Un équipage de police arrive sur les lieux. Véronique leur explique ce dont elle a été témoin. « Puis la police est partie. Je suis restée un peu avec le caporal histoire de discuter, on a eu le temps de parler de ce qu'il faisait dans la vie, etc. Il était très alcoolisé mais, dans ses propos, il était lucide, il avait compris ce qui s'était passé. Il n'était pas énervé ; on a même rigolé. Il se moquait un peu de la situation : “T'es une femme, tu t'arrêtes pour m'aider, normalement ce n'est pas comme ça que ça fonctionne.” Il n'était pas du tout dans l'agressivité. Il m'a même fait un baisemain ! Ce n'était pas de la séduction, ça se voyait qu'il était super gentil. J'ai trouvé ça adorable », décrit la jeune femme. À l'évocation de ce baisemain, les grands-parents d'Arthur Noyer, assis derrière le témoin, laissent échapper un petit rire avant de paraître terriblement émus.

Véronique reprend : « Le caporal m'a dit qu'il rentrait au "13". Et moi, je suis rentrée chez moi. Je n'ai rien fait d'extraordinaire, j'ai juste aidé quelqu'un. » À l'issue de son témoignage, Me Boulloud, l'avocat de la famille Noyer, remercie la Chambérienne. En quelques minutes, de manière très naturelle, elle vient d'offrir un immense cadeau aux proches d'Arthur Noyer : le récit d'un fragment de la dernière nuit du militaire. Un fragment dans lequel les amis et les membres de la famille du disparu ont pu retrouver leur Arthur, « gentil », « avenant » et « jovial ». Un fragment de vie avant que le jeune homme ne rencontre la mort. Alors que Véronique quitte la salle d'audience, Didier Noyer lui fait signe et lui glisse quelques mots à l'oreille. Qu'a dit le père de la victime à la jeune femme qui fut l'une des dernières personnes à avoir parlé à son fils ? Mystère d'audience, dont la réponse appartient aux seuls concernés.

À Véronique succède un des fonctionnaires de police intervenus auprès d'Arthur Noyer lors de la nuit du 11 au 12 avril 2017. « Nous avons été appelés vers 2 h 30 pour un vol de portable. J'ai vu le caporal qui m'a expliqué qu'il venait d'être victime d'un vol. La jeune fille à ses côtés me l'a confirmé et m'a précisé que l'un des auteurs du vol avait rendu le téléphone. J'ai pris la description des voleurs », raconte le quadragénaire, qui porte une attelle à la main droite. « Arthur Noyer m'a dit qu'il ne voulait pas déposer plainte. Son seul souhait était de retourner au *RDC*, de récupérer ses affaires, de retrouver ses copains et de rentrer. Il était alcoolisé, mais il n'était pas énervé du tout. » Comme la plupart des personnes qui ont croisé Arthur Noyer durant la soirée, le gardien de la paix semble s'en vouloir de ne pas avoir pu éviter le drame survenu plus tard dans la nuit. « Il n'y avait pas de motif pour que vous l'emmeniez en cellule de dégrisement », lui lance l'avocate générale, tentant de le rasséréner.

Après une pause, l'audience reprend avec l'audition d'une ancienne relation de Nordahl Lelandais. Alexandra, 44 ans, a rencontré l'accusé à l'automne 2016. « Il était ami avec mon ancien patron. Moi, j'ai connu quelqu'un d'extrêmement prévenant, de très agréable à fréquenter. C'est affreux à dire, mais c'était un super gars. Il était très à l'écoute. S'il pouvait rendre service, il rendait service », se souvient celle qui concède que Nordahl Lelandais et elle se « plaisaient mutuellement » – sans que leur relation ne dépasse jamais le cadre de l'amitié. Le témoin assure qu'elle « a connu un Nordahl très attentif à son alimentation, qui ne fumait pas, qui buvait peu ». À partir de février-mars 2017, toutefois, elle s'aperçoit que le Savoyard « commence à fumer, à boire, à avoir une alimentation moins équilibrée… ».

Dans la soirée du 13 avril 2017, soit très peu de temps après la disparition d'Arthur Noyer, Nordahl Lelandais rejoint Alexandra et ses collègues, qui sortent d'une soirée d'entreprise, dans un établissement de nuit chambérien. « Nous avons fait la fête ensemble, la soirée était très festive, excellente. Il était bien, normal, comme toujours, commente-t-elle. Il n'y a vraiment aucun signe, ni physique ni au niveau de son attitude, qui nous a fait penser à l'atrocité qu'il avait pu faire. [Quand on a appris ce qui s'était passé], on a été ahuris », continue Alexandra, qui évoque sa « peine d'avoir fait entrer quelqu'un comme ça dans sa vie ».

Puis la quadragénaire se tourne vers son ancien ami. « Tu leur dois la vérité, Nordahl », lui lance-t-elle. « Vous avez entendu la supplique du témoin », l'encourage le président de la cour d'assises. Nordahl Lelandais se lève. Toute la salle retient son souffle alors que s'engage un dialogue entre le témoin et l'accusé.

« Alex, t'as une très bonne mémoire. Tu as tout à fait raison dans tous tes propos. Je ne sais même pas quoi dire…

— Dis-leur ce qui s'est passé. Au fond de toi, tu le sais. Tu leur dois. Tu ne peux pas dire que c'est un accident, ce n'est pas possible Nordahl. On t'a vu quelques heures après…

— Dans ces moments-là, c'est compliqué. On met une très grosse carapace.

— Être aussi normal, ce n'est plus une carapace, tu le sais. »

Une intervention du président interrompt hélas cet échange. « Par la suite, mes jours et mes nuits n'ont plus jamais été pareils, reprend Nordahl Lelandais, avant de se tourner vers la famille du caporal. Je suis désolé de vous dire ça, Monsieur et Madame Noyer, je sais que vos nuits sont pires que les miennes… »

À son tour, Me Jakubowicz interroge son client. « Pourquoi, comment un homme normal, celui qu'[Alexandra] a décrit, celui qu'elle apprécie, a pu commettre l'acte dont on a parlé mais est capable d'aller à cette soirée ? Qu'est-ce qui se passe dans la tête de Nordahl Lelandais ? » Le principal intéressé répond : « J'étais dans le déni. C'était pour oublier. Je ne voulais pas montrer à mes amis que je n'étais plus pareil… »

Julien, 39 ans, remplace Alexandra à la barre. Le technicien-vendeur en téléphonie a fait la connaissance de Nordahl Lelandais au lycée. « C'est incompréhensible. Ce n'est pas la personne que je connais, que j'ai connue. On a fait tellement de choses ensemble… C'est incompréhensible », répète le témoin, qui se tourne à son tour vers l'accusé. « Va falloir que tu lâches les choses. C'est ta vérité, mais ce n'est pas la vérité. Ça ne correspond pas. Au fond de moi, je sais que ça ne correspond pas à ce qui a réellement pu se passer. Pour moi, on n'est pas sur la vérité. »

Un nouveau dialogue s'engage.

« Si tu prends une personne en stop, ce n'est pas juste dans le but de la raccompagner…, lance Julien, qui évoque un jour où l'accusé avait fait monter une auto-stoppeuse dont il avait ensuite pris le numéro de téléphone.

— J'ai déjà pris des gens en stop sans… Pour les emmener là où ils voulaient aller, quoi, balbutie Nordahl Lelandais.

— Comment peux-tu te retrouver là et dire que c'était un accident ? Est-ce que c'était réellement un accident ? insiste le témoin.

— Je ne sais pas comment toi tu le vois. C'est quelque chose qui s'est très mal terminé. Après comme je l'ai expliqué, c'est très compliqué », tente de répondre l'ancien maître-chien.

Après une demi-heure de pause arrive le tour du dernier témoin de la journée. Nazim, 38 ans, porte une chemise blanche sous une veste, un jean et des baskets blanches. Ému, le chef d'entreprise commence : « Nordahl était un ami très proche. C'est quelqu'un que j'ai appris à aimer comme il était, comme un ami. Et aujourd'hui ce n'est plus le cas. » Le décor est planté. « Les seuls souvenirs que j'ai de lui, ce ne sont que des moments sympa, agréables, de partage. Des fous rires, des vacances, des barbecues, des soirées en discothèque, des bons verres, des délires entre copains… Une vie normale, que vous avez tous ici avec vos amis, c'est ce que j'avais avec lui, avec le groupe de copains qu'on avait. Et maintenant on se retrouve ici… »

Nazim insiste : « C'était quelqu'un d'attentionné envers ses proches. Envers nos enfants aussi : il faisait attention à ce qu'ils ne jouent pas trop près de la route, etc. Il avait toujours le mot sympa, la petite attention, il aidait à faire ci, à faire ça. Bref, c'était un super pote. Un ami que j'avais plaisir à recevoir chez moi – je disais à ma femme : "Y a Nono qui vient manger à la maison." Un ami qui venait dans mes locaux professionnels – il se pointait comme ça, pour boire un café. On était des amis qui s'aimaient, qui se respectaient, se faisaient confiance. Aujourd'hui, je ne comprends pas ce qui se passe, mais je n'arrive pas à l'associer à ça. Je n'arrive pas à comprendre qu'une même personne puisse faire un si grand écart. On a tous des secrets, mais pas des secrets comme ça. […] Il était dans le cercle le plus intime que j'avais. Il connaissait ma mère, ma sœur, ma fille, ma femme. Vous faites rarement rentrer des gens en qui vous n'avez pas confiance dans ce cercle-là… Il était même présent au baptême de ma fille. Ma femme est chrétienne pratiquante, moi je suis musulman ; on a fait baptiser notre enfant, elle y tenait », précise le témoin. « C'était "Nono le rigolo", on était toujours en train de rigoler. Ses défauts ? Ce n'était pas un bosseur et il avait du mal à avoir de la stabilité. Je lui avais dit d'apprendre à se séparer. »

Nazim explique que, en 2017, il a commencé par soutenir son ami quand ce dernier a été arrêté. « Le jour où on a eu la preuve pour Maëlys et que Nordahl a avoué, j'ai appelé sa mère pour la dernière fois en lui disant que je ne pouvais plus l'aider à soutenir Nordahl. Elle, c'est sa mère, elle n'a pas le choix. Moi j'étais un ami, j'avais le choix. J'ai fait celui-là », souligne-t-il, avant de lancer à son ex « super pote » : « Soulage-toi de la vérité. Soulage ton âme. Le mal est fait, vis ce qu'il te reste à vivre plus léger. » À ces mots, Quentin Noyer, le frère d'Arthur, quitte la salle. Nazim continue : « Beaucoup ont de la haine en pensant à Nordahl Lelandais. Moi, je n'en ai pas. Je n'ai aucune haine, que de la peine. Il est son propre dommage collatéral. Il s'est bousillé lui-même. »

Il est 20 h 30 et Me Alain Jakubowicz, qui a semblé au bord des larmes tout au long de ce témoignage, prend la parole. « Une audience, c'est aussi des rencontres. Je veux juste vous dire que je suis heureux de vous avoir rencontré. Je veux juste vous dire merci pour ce moment d'humanité dans cette audience qui en avait tant besoin », déclare-t-il à Nazim.

À son tour, l'accusé se lève. S'essuyant les yeux, il s'adresse au témoin. « Nazim, t'as tout dit. Courageux, tu l'as toujours été. Tu es une personne en qui j'ai mis toute ma confiance, les yeux fermés. T'étais comme mon grand frère. Tu as toujours été pour moi quelqu'un de formidable, qui a réussi sa vie et tout. À côté de toi, moi je suis pas courageux, en tout, le travail, les filles… Je parle très souvent de toi, aux soignants, aux avocats. Je sais même pas quoi te dire tellement j'ai honte. Honte envers la famille d'Arthur, envers toi... Toi tu resteras toujours dans mon cœur. Je ne suis plus ton ami, certainement, toi tu le resteras toujours. T'as toujours été courageux, tu le prouves encore aujourd'hui, tu es là. Dès le début, tu as appelé ma mère pour lui montrer ton soutien. T'as toujours été courageux », répète Nordahl Lelandais.

« Le courage aujourd'hui, M. Lelandais, c'est de faire un pas vers cette vérité à laquelle votre ami vous exhorte », intervient le président. « La vérité, j'ai commencé à l'expliquer », bredouille l'ex-militaire. Et c'est sur cette phrase que se termine cette troisième journée d'audience. Alors que la salle se vide peu à peu, le père d'Arthur Noyer s'entretient avec Nazim. Encore une discussion, après celle avec Véronique, qui restera secrète.

Le procès Noyer, jour 4

À la reprise, le lendemain matin, le président demande à Nordahl Lelandais s'il souhaite ajouter quelque chose à ce qui a été dit la veille. Silence de l'accusé. « Hier, nous avons vécu des moments comme on n'en vit pas toujours dans des assises », commente le magistrat, évoquant le témoignage de Nazim, le moment entre ce dernier et le père de la victime et l'émotion de Me Jakubowicz. Puis la journée est lancée avec l'audition d'une ancienne relation de Nordahl Lelandais, Christelle, aujourd'hui chauffeur poids lourd.

« J'ai eu l'occasion de le connaître dans le cadre de mon boulot de l'époque, dans les ambulances. Il est resté environ quatre mois, il me semble que c'était en 2008. Au boulot, il bossait bien, il était sympathique. J'ai un très bon souvenir de lui. C'est une personne que j'appréciais beaucoup, quelqu'un de normal, d'agréable. M. Tout-le-monde en somme », se souvient la quadragénaire au blouson violet.

« Je l'ai recroisé deux ans après dans les rues de Chambéry. On a discuté, échangé nos numéros et de là on est restés en contact. On se voyait de temps en temps pour passer des soirées, promener les chiens… On ne se voyait pas non plus tout le temps. Je savais qu'il voyait plusieurs filles en même temps. C'était un don juan, il avait du succès. Avec moi, il était correct, il n'a jamais eu un geste mauvais, je ne l'ai jamais connu agressif. Là-dessus, je n'ai rien à lui reprocher. »

Ce que reproche Christelle à l'accusé, c'est d'avoir posté des vidéos intimes d'elle sur Internet. Le témoin rechigne à s'exprimer sur le sujet, expliquant qu'elle ne souhaite pas que tout « finisse dans la presse ». « Là-dessus, je ne lui pardonnerai jamais, il le sait. Je pensais qu'il m'estimait plus, qu'il allait mieux me respecter, lâche-t-elle seulement. Ça a été très compliqué, j'ai été harcelée, menacée de mort. Ça a vraiment été une dure période. Et malgré ça, je n'arrivais pas à croire ce qui s'était passé [avec la petite Maëlys et le caporal Arthur Noyer, NDLA]. »

Après le mariage du Pont-de-Beauvoisin et la disparition de Maëlys, comme plusieurs des proches de l'accusé, Christelle a « défendu » Nordahl Lelandais pendant plusieurs mois. « Je croyais que tout ça n'était qu'un gros malentendu. J'avais des soupçons, mais je ne voulais pas y croire. J'ai vraiment réalisé quand on a retrouvé les ossements [de la petite fille, NDLA], et là j'ai fondu en larmes. J'ai mis six mois à m'en remettre. Après, il a bien fallu que j'avance, j'ai essayé de mettre ça derrière moi. »

En ce jeudi 6 mai 2021 où elle témoigne, c'est la première fois que Christelle revoit Nordahl Lelandais depuis avril 2017. À ce moment-là, leur relation était redevenue uniquement amicale. « Il est venu chez moi le 9 avril. J'étais en arrêt à la suite d'un accident. Je l'ai trouvé en forme. Il me racontait ses histoires avec ses petites copines. J'avais senti qu'il se confiait. » Puis vient la soirée du 11 au 12 avril, celle de la mort d'Arthur Noyer. Le lendemain, les deux anciens amants se revoient. « Là, c'était une personne complètement différente, renfermée. Je lui ai demandé ce qui n'allait pas ; il m'a dit qu'il avait mal au dos, il se frottait souvent le poignet. Il m'a dit qu'il s'était fait mal en faisant du jardinage. Mais je n'ai vu aucune trace sur son visage ou ses mains, se souvient la quadragénaire. Après, j'ai eu des nouvelles, mais on ne s'est jamais revus. »

Au blouson violet de Christelle succède la doudoune sans manches jaune d'un ancien codétenu de Nordahl Lelandais au centre pénitentiaire de Saint-Quentin-Fallavier (Isère). « On parlait souvent à la fenêtre ou en promenade. Un jour, il s'est lâché. Je lui ai demandé ce qui s'est passé. Il m'a dit qu'il avait pris Arthur Noyer en stop, qu'en voiture il lui avait demandé une fellation et que de là ça avait chauffé. Arthur Noyer est descendu pour pisser, Nordahl Lelandais a pris un caillou et l'a frappé à coups de pierre. Il m'a dit qu'il avait pris une bonne pierre et qu'il avait frappé Arthur Noyer bien fort sur la tête pendant qu'il était en train de pisser. C'est vraiment ce qu'il m'a dit, je n'ai pas inventé », plaide le témoin, qui assure par ailleurs que Nordahl Lelandais lui a aussi confié avoir « violé et tué Maëlys ».

Ces déclarations, qui pourraient être explosives et accablantes, sont accueillies avec le plus grand scepticisme de tous les côtés de la salle d'audience. Même l'avocate générale prévient que « ce témoignage ne sera pas un témoignage sur lequel l'accusation se fondera ». Me Alain

Jakubowicz, l'avocat de l'accusé, remercie d'ailleurs la magistrate pour sa « loyauté ».

Invité à réagir, Nordahl Lelandais nie fermement s'être livré auprès de son ex-codétenu. « Ça m'est arrivé de discuter [avec cet homme, NDLA], mais vous vous doutez bien qu'on ne discute pas de choses aussi graves avec quelqu'un qu'on ne connaît pas du tout. Ce qui a un rapport avec ce pour quoi je suis là aujourd'hui, je ne vais pas le dire à la fenêtre ou en promenade ! »

Après une pause, Camille, 27 ans, s'avance à la barre. L'accusé et elle se sont connus « *via* un site de rencontres ». « C'est lui qui m'a abordée. Ma photo de profil, c'était moi avec ma chienne. Il m'a dit : "Jolie malinoise". On a commencé à discuter de sa profession [il avait alors monté une société d'élevage canin, NDLA], de ma chienne, je lui ai demandé quelques conseils. La première fois, on s'est vus par rapport à ma chienne. Puis on a continué à parler par messages. Le feeling est plutôt bien passé et on a commencé à se voir pour une relation sexuelle sans prise de tête. Il m'a dit qu'il s'appelait Jordan, qu'il avait été militaire et ambulancier, qu'il avait un frère et une sœur. Il m'a menti sur son lieu d'habitation… mais ça je ne l'ai su qu'après, pendant l'enquête. »

La jeune femme estime avoir eu « moins d'une dizaine » de relations sexuelles avec Nordahl Lelandais, entre mars et début juin 2017. « Une fois dans l'appartement de son frère, les autres fois dans sa voiture, dans des endroits isolés. Il n'y avait pas de sentiments, c'était charnel », insiste Camille.

Le témoin et l'accusé ont échangé de nombreux messages le 11 avril 2017. « Il m'a écrit pour qu'on se voie.

Je lui ai dit que je ne voulais pas, que j'étais fatiguée, mais il insistait. » Cette extrême insistance transparaît de manière flagrante lors de la lecture faite par le président de cet échange de messages. Vers 15 heures, Nordahl Lelandais écrit : « Coucou ça va ? » Puis une discussion s'engage et se prolonge jusqu'au soir. À 21 h 58, le Savoyard lance sa proposition.

« On se voit quaaaaaaaand ????

— Je sais pas.

— Maintenant ?

— Je peux pas.

— Mais euuuuuuuu.

— Demain soir si tu veux ?

— Non ce soir.

— Mais j'ai mes règles, t'as oublié ?

— C'est pas grave. [...] Tu peux.

— Non.

— Mais siiiii tu peuuuuux.

— MDR non zone rouge.

— Je m'en fous j'ai envie de toiiiiiii.

— MDR t'es dégueulasse.

[...]

— Tu mets de l'eau chaude sur ton ventre ça les coupe.

— Ça marche pas. [...] Demain soir ?

— Ce soir aussi.

— Non !

— Siiiiiiiiiiiiii. [...] Allllllllez j'arrive.

— Non sérieux je suis fatiguée [...], t'es chiant, j'ai pas envie je suis crevée. [...] Calme ta pulsion.

— Mes pulsions sont pas d'aujourd'hui.

— T'es sérieux, tu fais la gueule pour ça ?

— Oui.

— Trouve-toi une meuf qui dit tout le temps oui.

— Non je n'en veux pas d'autre », répond finalement Nordahl Lelandais à 22 h 55.

Il est aisé d'imaginer comme la lecture de ces échanges doit être difficile pour Camille, que l'on sent fragile. « J'ai été stupide et naïve… Aujourd'hui je culpabilise parce que si j'avais accepté sa demande, peut-être qu'on aurait évité un drame. Je suis désolée pour la famille d'Arthur », lâche-t-elle d'ailleurs. Tour à tour, le président de la cour d'assises et Me Bernard Boulloud l'implorent de ne pas s'en vouloir. « La famille d'Arthur ici présente vous l'assure : vous n'êtes responsable de la mort d'Arthur ni de près ni de loin », insiste l'avocat.

Quelques jours plus tard, Camille et Nordahl Lelandais se retrouvent. « On a eu une relation dans la voiture de ses parents. Il était normal, il n'y avait rien d'inhabituel, on a parlé de nos chiens. » Leur relation se tarit peu après. « En juin, je lui ai dit que j'avais rencontré quelqu'un avec qui j'avais une relation sérieuse et stable. Après, il m'a laissée tranquille. » Quel regard pose-t-elle aujourd'hui sur cette période où elle a fréquenté le maître-chien, lui demande-t-on ? « Affreuse. Je ne le connaissais pas si bien que ça, il m'a menti sur son identité. Plus rien ne m'étonne sur cette personne. »

Le témoin qui s'avance après Camille est encore une ancienne conjointe de l'accusé. Anouchka a, elle aussi, rencontré Nordahl Lelandais par le biais de leur passion commune pour les canidés. « J'ai deux chiens. Je cherchais un éducateur pour eux. Mon ancienne patronne connaissait Nordahl Lelandais par des amis en commun ; elle me l'a conseillé pour me donner un coup de main. C'est moi qui l'ai contacté. On s'est rencontrés fin décembre 2016. Pour moi, ça a tout de suite été un coup de foudre », explique la jeune femme de 29 ans. Une relation amoureuse commence début janvier 2017 entre le témoin et l'accusé. « Au tout début, il apportait la bonne humeur, il était toujours joyeux, attentionné, doux. »

Mais deux mois plus tard, une certaine Céline contacte Anouchka. La jeune femme [qui a été entendue par la cour d'assises le 4 mai, cf. chapitre 10, NDLA] a, à ce moment-là, repris sa relation avec Nordahl Lelandais après l'avoir quitté en décembre, et en informe Anouchka. Les deux femmes décident de se rencontrer. « On s'est donné rendez-vous au *McDo* de Pont-de-Beauvoisin. Je voulais des preuves. Puis j'ai appelé Nordahl. Il niait encore, il détournait tout… On a stoppé la relation, mais on a continué à se voir », raconte Anouchka, qui admet qu'elle « était très amoureuse » de l'accusé et qu'elle « n'arrivait pas » à mettre totalement fin à leur relation.

À cette époque, la jeune femme est d'autant plus perdue qu'elle se sait enceinte. Quatre ans après ces événements, face à la cour d'assises qui juge son ex-compagnon, elle pleure derrière ses longs cheveux et ses lunettes. Nordahl Lelandais « ne voulait plus du bébé », déclare celle qui décide finalement d'avorter seule, le 26 mars 2017. « Je ne voulais pas qu'il soit présent », ajoute-t-elle.

Après ces témoignages très personnels, l'après-midi de cette journée de jeudi est consacrée à des experts. Le premier, en visioconférence depuis Marseille, a réalisé l'analyse anatomopathologique du crâne d'Arthur Noyer. Le président prévient que des photos de ce crâne vont être projetées devant la cour d'assises. Certains proches de la victime sortent de la salle, mais ni les parents ni le frère du jeune homme ne bougent. Sur l'écran géant, durant quelques instants, les clichés du crâne font face au portrait d'Arthur souriant. L'effet est saisissant.

Les deux experts suivants – l'un présent physiquement à Chambéry, l'autre intervenant depuis Cayenne, en Guyane – sont eux aussi médecins légistes. Ils ont été chargés de l'examen de la dépouille d'Arthur Noyer, mais rappellent qu'un grand nombre d'ossements sont restés manquants. Terrible détail : ils ajoutent que la plupart des ossements retrouvés présentaient des « traces d'une action animale », conséquence de leur présence prolongée en pleine montagne…

De la déposition de ces deux médecins, une seule conclusion peut finalement être tirée : la cause exacte de la mort d'Arthur Noyer reste un mystère. L'un des experts présente quatre hypothèses – un traumatisme crânien grave avec importantes lésions neurologiques, un traumatisme du rachis cervical, une cause neuro-hémorragique et une asphyxie – mais appelle à une « grande prudence » car « ce ne sont que des hypothèses ».

« Si on met de côté les déclarations de Nordahl Lelandais, on n'a absolument rien à l'examen des ossements qui nous permet de déterminer de quoi est mort Arthur Noyer ? […] Si par exemple il avait été étranglé, ou s'il avait reçu des coups de couteau, on ne pourrait pas le déterminer au regard des ossements retrouvés ? » demande l'avocate générale. « Exactement », répondent les experts. « C'est très intéressant », commente la magistrate.

La diffusion d'une vidéo montrant le militaire dans la boîte de nuit le *RDC* au cours de la nuit du 11 au 12 avril

2017 occupe les dix minutes suivantes. Cette fois, toute la famille Noyer reste dans la salle : ce film fait partie des dernières images montrant Arthur vivant. À l'écran, au milieu d'une foule de clients, on distingue le jeune homme danser, dans de grands mouvements désordonnés, puis s'appuyer lourdement sur le comptoir. Quelques minutes plus tard, le voici devant l'établissement, assis sur des arceaux pour vélo.

« Sur cette longue séquence, il est en appui quasiment permanent. Sa tête et son tronc sont penchés en avant et tanguent. Il y a peu de mécanisme musculaire du corps. Autant d'éléments suggérant une imprégnation alcoolique. Ce n'est pas quelqu'un qui en est à un ou deux verres d'alcool », décrit l'un des médecins. Au président qui lui demande si Arthur Noyer paraît « en état de faire face à un adversaire », l'expert répond : « Dans des états comme on l'a vu là, avec de tels troubles de l'équilibre… Cela semble peu compatible avec le fait de donner des coups précis. »

Suivent d'autres vidéos extraites de la reconstitution des faits, projetées en l'absence des proches de la victime. Affublé d'une charlotte, Nordahl Lelandais frappe un mannequin de plusieurs coups de poing. La tête du mannequin ballotte sous les impacts. Ramassant le mannequin à terre, l'accusé peine à le hisser dans le coffre de sa voiture. Après quelques ultimes questions aux experts, le président ordonne une suspension d'audience pour quelques minutes seulement, malgré l'heure déjà avancée.

Et c'est finalement à 19 h 03 que le premier membre de la famille Noyer à témoigner à ce procès prend place à la barre. « Didier Noyer, né le 22 novembre 1954, retraité de la fonction publique hospitalière », se présente le père d'Arthur avant de se lancer : « Jusqu'en 1990, ma mesure était 1, j'étais seul. Puis la mesure est passée à 2, j'ai rencontré Cécile, nous nous sommes aimés. En 1993, la mesure était 3, Arthur est né. En 1995, elle était 4, Quentin est arrivé. Depuis 2017, mon échelle de valeurs est retombée à 3. » L'émotion saisit déjà la salle à la gorge.

« Huit mois avant la naissance d'Arthur, nous avons décidé de le surnommer Lulu, parce que c'était indéterminé. C'est comme ça qu'on parlait de lui. Le jour de sa naissance – il était prématuré – on a choisi Arthur comme prénom. Mais comme Lulu nous avait beaucoup impactés, son troisième prénom est Lulu. Un enfant, c'est des responsabilités. Avec Arthur, puis avec Quentin, vu que Cécile travaillait, c'était Papa qui leur faisait à manger, leur donnait le bain, les couchait, leur racontait des histoires », retrace d'abord Didier Noyer.

« Au fil des années, dans mon rôle de père, j'ai essayé de donner à nos enfants une caisse à outils faite de valeurs : l'écoute, le respect, la dignité, le fait de savoir que la richesse vient de la différence… Chez nous, il n'y avait pas de sujet tabou. On était dans le partage, la discussion, l'amour. L'idée était d'éviter de gâcher du temps. L'un de nos leitmotivs, c'était d'arrêter de parler des gens qu'on n'aime pas et de plutôt parler des gens qu'on aime. Je n'ai pas le sentiment qu'on ait gâché du temps finalement. On était toujours ensemble : maintenant on n'est plus que trois, mais on est toujours ensemble, on est forts ensemble. »

Didier Noyer n'oublie pas la deuxième famille que s'était choisie son fils. « Arthur avait deux familles, l'armée et nous. Et c'était une très très belle famille. Arthur était aussi à l'aise en "rangeos" qu'en baskets. On discutait aussi de ça, il savait que dans son engagement il pouvait être amené à tuer ou à mourir. » S'adressant à son fils, ou plutôt au portrait de ce dernier, il glisse : « Depuis que tu n'es plus là, je ne danse plus le rock'n'roll avec ta mère. Et ça, ça m'embête un peu... Je voudrais que [ce procès] nous apporte la sérénité. Et aussi à la famille Lelandais. »

Digne, celui qui a revêtu une chemise blanche et un foulard bleu a un mot pour cette famille qui lui fait face. « Je suis allé vers Madame Lelandais le premier, et on s'est pris dans les bras l'un de l'autre avec sa fille. C'était plus facile pour moi d'aller vers elles qu'elles vers moi. Aujourd'hui, il y a deux familles qui sont dans la peine et la détresse. On ne va pas chercher à comparer », témoigne Didier Noyer avant de se tourner vers la mère de l'accusé. « Sauf que, Madame, avec tout le respect que je vous dois, votre fils est tombé du côté obscur de la force, le mien est resté du côté lumineux. »

Le « dernier message » que Didier Noyer tient à partager devant la cour d'assises de la Savoie n'est d'ailleurs pas pour Arthur mais pour les Lelandais. « Que certains d'entre vous se sentent obligés de changer de nom de famille, c'est lamentable, vous n'avez pas à subir ça. Ce n'est pas parce qu'on a un fils qui fait des choses horribles que les parents sont responsables. Je ne dirai jamais quoi que ce soit de négatif sur la famille Lelandais. Je ne dirais pas la même chose sur l'accusé. [...] J'ai l'intime conviction que ce n'est pas un psychopathe mais un prédateur social. À un moment, il a eu une envie. [Arthur] a été une proie. »

Didier Noyer se rassied, laissant la place à son épouse. Cécile Noyer, infirmière de 53 ans, rappelle qu'elle est

« la maman d'Arthur ». « Je vais commencer par le début. Le 13 avril 2017, j'ai reçu un appel du 13e BCA qui me demandait si Arthur était chez nous. J'ai répondu que non. Pendant les huit mois qui ont suivi, mon téléphone n'était jamais coupé. Il était toujours allumé, toujours à côté de moi. » Elle s'interrompt, tremblante, et va chercher un verre d'eau. Son fils Quentin lui frotte le bras en signe d'encouragement. De retour à la barre, elle reprend : « Ces huit mois, ça a été l'enfer. Quand vous me dites, l'accusé, que vous avez passé de mauvaises nuits après avoir tué Arthur… Je vais vous dire une chose. Une nuit, j'ai fait un cauchemar, j'ai rêvé qu'Arthur nous téléphonait. Il me disait "Maman, viens me sauver, je ne sais pas où je suis, j'ai froid". Je me suis réveillée et j'ai regardé mon téléphone. Je n'avais pas d'appel d'Arthur… »

Cécile Noyer raconte qu'elle et son mari se sont rendus à plusieurs reprises à Chambéry. « J'arrivais la boule au ventre et je repartais le cœur serré. J'avais l'impression d'abandonner Arthur à chaque fois. » Le 20 décembre 2017, elle est à Bourges lorsqu'elle reçoit un coup de téléphone d'un journaliste qui lui demande si elle est au courant de ce qui se passe en Savoie. Il lui indique que Nordahl Lelandais a été placé en garde à vue. « Je ne savais pas qui c'était… Il m'a alors dit que c'était l'individu qui avait été mis en examen dans l'affaire Maëlys. » En rentrant chez elle, elle dit à son mari : « Arthur, on ne le reverra pas. »

Se tournant vers Nordahl Lelandais, qu'elle refuse de nommer, elle lance : « Je vais m'adresser à vous, la personne qui est dans le box des accusés. Après avoir nié pendant de longs mois, vous finissez par avouer avoir tué Arthur, mais vous clamez que c'était par accident. Vous avez tué

Arthur. Vous vous êtes débarrassé de son corps et vous avez continué de vivre comme si de rien n'était, jusqu'à la fin du mois d'août. Vous lui avez volé sa vie, à Arthur. Vous lui avez même volé ses deux dernières volontés. Il m'avait dit qu'il voulait qu'on donne son corps à la science et ensuite être incinéré. Même ça, vous lui avez volé. Vous avez détruit la vie d'Arthur. Il va falloir prendre vos responsabilités et assumer vos actes. »

Contrairement à son époux, c'est à son fils qu'elle s'adresse en dernier. « Je terminerai par un mot pour Arthur. Il me manque tous les jours. Je ne pourrai plus le serrer dans mes bras, je ne vais pas le voir vieillir, j'ai été obligée de l'enterrer. [...] Arthur est toujours dans nos cœurs, toujours présent, avec nous, avec sa famille, avec ses nombreux amis. Arthur, c'était un gamin bien. Je ne me rendais pas compte de l'impact qu'il pouvait avoir sur ses proches dans la vie de tous les jours. Il était simplement en vie, mais il comptait beaucoup pour plein de gens », insiste l'infirmière.

Décrivant son fils comme un « amoureux de la glisse », elle salue le « bel hommage » que lui a rendu la ville de Bourges : « Le nouveau skate parc dont il rêvait tant avec ses copains porte son nom. » C'est d'ailleurs l'évocation des amis d'Arthur qui la fait finalement craquer. « Le premier de ses copains a eu un petit garçon. Son deuxième prénom, c'est Arthur, et ça... » En larmes, elle peine à finir sa phrase. Son mari s'approche, lui serre l'épaule, puis se rassied. « Ça, c'est la plus belle chose, le plus bel hommage », termine-t-elle.

Vient le tour de Quentin, le frère du disparu. « Arthur, c'était mon frère avant tout, mais c'était aussi mon ami, mon meilleur pote. On se disait tout, on était complices. Quoi qu'il arrive, on était ensemble. Ce que j'ai adoré dans le témoignage de Véronique [la jeune femme qui a aidé le militaire le soir de sa mort, après le vol de son téléphone, cf chapitre « Le procès Noyer, jour 3 » NDLA], c'est qu'elle a parlé de lui avec le sourire. Et Arthur, il avait toujours la banane. Il voulait s'enrichir des gens », explique Quentin Noyer, qui raconte à la cour qu'il a eu son frère au téléphone pour la dernière fois dans la soirée du 11 avril 2017. « Quand on était dans un bar et que du rock passait, on s'appelait. À ce moment-là, je faisais la saison dans les Pyrénées. J'étais dans mon lit. Il m'a dit "lève-toi et danse avec moi !". Je me suis levé et j'ai dansé avec lui. »

Très ému, le jeune homme s'adresse ensuite à son père et sa mère. « Mes parents sont des modèles de vie. Ils m'ont inculqué ce qu'il y a de meilleur chez l'homme. Je tiens à vous remercier, vraiment, des hommes qu'Arthur et moi sommes devenus. » À l'attention de l'accusé, il lâche quelques mots : « Nordahl, je vais te tutoyer, je m'en fous. Tu as détruit nos vies, certes, mais aussi celle de ta famille et de tes potes. Comment tu peux regarder ton meilleur pote dans les yeux et nier ? Comment tu peux mentir ? Va falloir prendre tes couilles en main. »

La dernière personne à s'avancer à la barre est la grand-mère maternelle de la victime, Monique, 73 ans. Elle a choisi d'écrire une lettre, simple mais très émouvante, à son petit-fils. « Mon petit Arthur, tu es né le 26 novembre 1993, cela a été une grande joie pour nous. Tu étais un bébé bien sage et mignon ; quand tu repartais, la maison était bien vide. Lors de vos venues en vacances, vous avez appris à faire du vélo et à pêcher avec Pépé. Ta scolarité s'est passée sans problème. Le jour où tu as décroché ton bac, tu es venu nous le dire, tu étais tellement heureux ! Pour te récompenser, je t'ai fait des nouilles au beurre comme tu aimais, ou plutôt du beurre aux nouilles, comme tu disais. Après, tu as fait des études de commerce, mais cela ne te convenait pas. Depuis ton plus jeune âge, tu voulais travailler dans l'armée. Depuis tout petit, tu avais beaucoup d'amis. Au fil des années, ceux-ci te sont restés fidèles, même après ton départ », lit la vieille dame.

« Et puis il y a eu ce mois d'avril 2017 où ta tante et ton oncle sont venus nous prévenir de ta disparition. Au mois de décembre, ta maman nous a prévenus par téléphone qu'on ne te reverrait plus. Voilà quatre ans, mon petit Arthur, que tu es parti. Ma vie est anéantie. Tous les matins, je t'embrasse sur la photo que j'ai de toi dans la salle à manger. Que justice soit faite, ta mémé qui t'aime et qui t'aimera malgré l'au-delà », finit Monique, qui replie sa lettre et se tourne vers Nordahl Lelandais. « Je voudrais bien que vous nous disiez la vérité. Vous nous avez enlevé un être qui nous était si cher… » L'accusé reste muet. Et c'est sur ce silence que le président de la cour d'assises de la Savoie clôture cette quatrième journée d'audience.

Le procès Noyer, jour 5

Ce vendredi 7 mai est le cinquième jour du procès de Chambéry et enfin, Nordahl Lelandais est interrogé sur les faits qui lui valent d'être renvoyé pour « meurtre » devant la cour d'assises de la Savoie. « M. Lelandais, levez-vous », lance le président François-Xavier Manteaux. Le jeu de questions-réponses s'engage.

Le magistrat choisit de commencer par demander à l'accusé ce qu'il pense du fait d'avoir été décrit par plusieurs personnes comme un menteur pathologique. « Menteur pathologique, je ne sais pas vraiment ce que ça veut dire. Oui, j'ai fait des mensonges, ce sont des choses qui me sont arrivées, mais ce n'était pas non plus quotidien. Oui j'ai eu des moments d'impulsivité ; dans des engueulades, ça arrive. Mais je n'ai jamais frappé une femme », répond le trentenaire.

Pourquoi a-t-il d'abord nié avoir tué le caporal Noyer ? « Tous les jours, on parlait de moi à la télé, on a dit des choses complètement fausses. Dès que je commençais à dire quelque chose, ça sortait dans la presse, déformé. C'était compliqué à ce moment-là de dire que j'avais tué Arthur. » Pourquoi ne pas s'être dénoncé lors des quatre mois et demi qui ont suivi la mort d'Arthur et précédé la mort de Maëlys – ce qui aurait sauvé la petite fille ? « Je n'ai pas eu le courage. C'était compliqué d'arriver à dire "Oui, j'ai tué un homme". »

Place à la nuit du drame. « Au cours du dîner chez Nazim, vous avez contacté Camille. Pourquoi ? » demande le président. « Pour qu'on puisse se voir, pour une relation sexuelle. Aujourd'hui, je qualifierais cet échange de très lourd, bien sûr », admet l'accusé – la veille, chaque membre de l'assistance a d'ailleurs pu s'en rendre compte à la lecture des messages échangés avec la jeune femme. Nordahl Lelandais concède également avoir envoyé un message à Richard dans l'espoir d'avoir une relation sexuelle avec ce dernier. Mais ni Camille ni Richard n'accèdent à ses demandes, et lorsque le Savoyard quitte le domicile de son ami Nazim, il décide de se rendre à Chambéry.

« Quel était le but de ces allers-retours, de cette déambulation dans les rues, pendant une heure trente, deux heures ? » veut savoir François-Xavier Manteaux. « J'avais l'habitude de venir sur Chambéry. Je connaissais énormément de monde dans le monde de la nuit. Ça m'était déjà arrivé de croiser des personnes et de leur dire "Viens, on va boire un verre" sans aucune autre pensée. J'ai donc fait le tour du Carré Curial, je suis allé à Saint-Alban où j'étais allé avec des amis dans un bar à bières… », tente d'expliquer Nordahl Lelandais. « Est-ce que ce soir-là, vous cherchiez la possibilité d'avoir une relation sexuelle avec quelqu'un, fille ou garçon ? » insiste le président. « À ce moment-là, non, je ne cherchais pas une relation sexuelle. Ce n'était pas mon but. Mon but, c'était de trouver des amis. »

Ce soir-là, le trentenaire a ingéré « une quantité importante » de cocaïne, « comme tous les jours qui ont précédé », explique-t-il. Devant le juge d'instruction, il avait pourtant certifié ne pas se souvenir de cet élément. « J'avais honte de dire que j'étais un drogué... Maintenant, je le dis. » Arrive la rencontre avec Arthur Noyer. « Tous les témoins ont dit qu'Arthur voulait rentrer à son régiment, à Barby, et pas aller à Saint-Baldoph », note le président. Mais Nordahl Lelandais persiste et signe : c'est à Saint-Baldoph que le jeune militaire lui a demandé d'aller. « Il m'a expliqué qu'il avait passé une soirée de merde et qu'il s'était fait voler son téléphone », précise l'accusé.

Puis le drame survient, dans des circonstances qui restent aujourd'hui encore floues, notamment en raison des multiples versions de l'accusé. Une chose est toutefois certaine : Nordahl Lelandais ne prévient pas les secours ; au contraire, il s'empresse de mettre son téléphone sur mode avion. « À ce moment-là, je ne savais plus quoi faire. Je sais qu'il aurait fallu appeler les secours, bien sûr. J'étais dans la panique. J'ai coupé mon portable pour qu'on ne sache pas que j'étais là. »

Nordahl Lelandais décide ensuite de chercher « un endroit discret » pour déposer le corps d'Arthur Noyer. En chemin, il jette le téléphone de sa victime par la fenêtre de sa voiture. « Par absence de lucidité, vous le jetez juste à côté d'une gendarmerie », ironise François-Xavier Manteaux. Arrivé au col du Marocaz, l'ancien maître-chien dépose la dépouille du caporal. « Le corps a glissé jusqu'en bas », assure-t-il face à une cour sceptique. Et après ? « Depuis le col du Marocaz, je n'ai aucun souvenir », jure celui qui se décrit ensuite comme « dans le déni ». « J'avais l'impression que ça ne s'était pas passé. »

Affirmation ou question ? Le président lance au Savoyard : « Vous avez tout gâché, M. Lelandais, même au niveau familial. » « Oui, j'ai tout gâché, M. le président, répond l'accusé. J'aimerais retourner en arrière. Bien sûr, j'ai tout gâché, et aussi la vie de la famille d'Arthur, de ses amis… J'en suis bien conscient, et j'en étais d'autant plus conscient cette semaine. » Avant de laisser la parole à Me Boulloud, l'avocat des parties civiles, le magistrat pose une dernière question, cette fois autant liée au dossier Noyer qu'au dossier Maëlys. « Lors d'une de vos auditions, vous avez dit [à propos de la mort de Maëlys, NDLA] : "J'ai pété un plomb, j'ai eu l'impression de revoir Arthur Noyer dans mes hallucinations." Vous revoyez Arthur Noyer dans Maëlys ? » Embarrassé, Nordahl Lelandais balbutie qu'« après le décès d'Arthur Noyer, ça a été compliqué, tout était différent… ». « J'ai eu une hallucination », répète-t-il.

À l'issue d'un temps de questions-réponses court et tendu avec Me Boulloud, l'accusé est interrogé par Thérèse Brunisso, l'avocate générale. Elle choisit d'abord de revenir sur son activité sexuelle.

« Sur plusieurs mois, on a à la fois des relations hétérosexuelles multiples, des relations homosexuelles et un intérêt sexuel, au regard du dossier, pour des enfants. Est-ce que ça entraîne une réaction de votre part ?

— Les relations homosexuelles, c'était une expérience, quelque chose que j'ai voulu essayer, que j'ai eu l'occasion de découvrir. Je n'ai pas particulièrement d'explication sur pourquoi ça s'est passé comme ça à ce moment-là. J'étais perdu, je n'étais plus moi-même. Tout avançait autour de moi, et moi je n'avançais pas.

— Revenons sur la soirée du 11 avril. Pendant une heure vingt, vous échangez des SMS avec Camille, vous insistez. Quand vous commencez, vous êtes encore chez Nazim. Le dernier SMS date de 23 h 06 ; selon la vidéo, c'est approximativement l'heure à laquelle vous passez en voiture devant la caserne pour vous rendre à Chambéry. Quinze minutes plus tard, on commence à voir votre véhicule tourner dans Chambéry. Ce qui m'intéresse, c'est la partie plus tardive. Tous les bars de Chambéry sont contraints de fermer à 1 h 30. Il n'y a plus rien d'ouvert sauf les discothèques. Or, vous n'êtes pas dans une tenue vous permettant d'entrer en discothèque. Pourquoi continuez-vous à arpenter les rues de Chambéry entre 1 h 30 et 3 heures du matin, à pied ou en voiture ?

— Je cherche des amis, des connaissances. Ça m'est déjà arrivé de croiser des personnes qui sortaient d'un endroit et d'aller boire un verre avec eux.

— Mais où ?

— Chez eux !

— Vous avez indiqué que la rixe entre vous et Arthur Noyer avait eu lieu à Saint-Baldoph, mais Arthur Noyer n'y a aucune connaissance, il n'y a aucun motif qui expliquerait qu'il vous ait demandé de l'y déposer.

— Il m'a demandé d'aller à Saint-Baldoph. Je n'ai pas contraint M. Noyer à monter dans mon véhicule et à aller dans un endroit où il ne voulait pas aller.

— Toute la question, c'est ce qui se passe à partir du moment où Arthur Noyer se rend compte que vous ne l'emmenez pas vers Barby. Je n'attends pas de vous une réponse, sinon vous l'auriez déjà donnée je pense. Mais c'est la vraie question… » note Thérèse Brunisso, avant d'enchaîner :

« À Saint-Baldoph, vous vous mettez près de la route, mais il y a des voitures qui passent. Vous êtes sur ce parking entre 3 h 10 et 3 h 40 on imagine. Ça fait quand même une demi-heure. Vous n'avez vu aucun véhicule passer ?

— Je n'ai pas fait attention du tout.

— Des essais ont été faits avec des véhicules utilisant leurs phares ; forcément, à un moment donné, si quelqu'un passe, il vous voit. Or vous dites que c'est le moment où se déroule l'altercation, puis où vous mettez le corps dans le coffre. Le parking, ça paraît peu crédible, en tout cas c'est ma conviction. »

La dernière question de l'avocate générale porte sur le col du Marocaz. « On retrouve le blouson d'Arthur Noyer avec des ossements derrière une barrière de buis. Or, s'il avait juste été poussé depuis la route, le corps aurait forcément été arrêté par cette barrière. Là, on le retrouve derrière, avec des ossements dedans – ce qui laisse considérer que ce ne sont pas des animaux qui ont déplacé le blouson, car si cela avait été le cas, les ossements n'auraient probablement pas accompagné le blouson », souligne la magistrate, qui s'excuse auprès de la famille Noyer pour cette démonstration douloureuse à entendre pour elle. « D'où ma question : maintenez-vous avoir simplement fait rouler le corps ou avez-vous fait l'effort d'aller vraiment le cacher derrière la haie de buis ? » Réponse du principal intéressé : « Pourquoi je mentirais pour trois mètres ? Si je l'avais tiré un peu plus au niveau des buis, je l'aurais dit. J'ai fait glisser le corps d'Arthur Noyer dans la pente et je suis parti. C'est ce qui s'est passé. »

L'interrogatoire se poursuit avec les questions de l'avocat de la défense. « Si tu as au cours de cette soirée [du 11 avril, NDLA] une très grosse envie sexuelle, est-ce que plutôt que de chercher une proie – la thèse de l'accusation – tu n'as pas des solutions pour assouvir cette envie sexuelle ? » demande Me Jakubowicz, qui veut montrer que, même si son client avait échoué à fixer un rendez-vous avec Camille et Richard, il pouvait contacter d'autres personnes. « Si, si », répond Nordahl Lelandais.

« Un autre point que je voudrais aborder, ce sont les variations – c'est un euphémisme – dans tes déclarations », poursuit Me Jakubowicz, qui revient sur la garde à vue, les passages chez le juge d'instruction, le transport sur les lieux… « C'est important de revenir sur ce cheminement. Phase 1 : je ne connais pas Arthur Noyer, je n'ai rien fait. Phase 2 : j'ai pris un auto-stoppeur, ça pourrait bien être Arthur Noyer, je l'ai déposé à Saint-Baldoph. Phase 3 : c'était bien Arthur Noyer, je l'ai tué mais je ne voulais pas le tuer. À chaque fois, il y a une progression ; on avance vers la version finale que tu dis être la vérité. Tu n'es d'ailleurs pas cru, mais c'est un autre problème… » À nouveau, Nordahl Lelandais évoque « les contraintes de l'extérieur : la presse qui s'emballe, [sa] famille harcelée, insultée, menacée… » Il affirme que pendant l'instruction, il a essayé « d'avancer au maximum dans ce qu'[il] pouvait faire à ce moment-là » mais qu'il « n'arrivait pas à dire la vérité ».

S'ensuit une série de courtes questions-réponses entre l'avocat et son client.

« La nuit du 11 au 12 avril 2017, tu tournes en ville. Puis entre 2h07 et 2h40, on ne te voit plus, ni à pied ni dans ton véhicule. Que fais-tu ?

— Je prends de la cocaïne certainement.

— Entre 2h40 et 2h58, ton Audi circule à nouveau dans Chambéry. Qu'est-ce que tu fais ?

— Bah rien, je cherche des amis dans le secteur du Carré Curial.

— Avec peu de probabilité d'en trouver, il faut bien le dire. Où as-tu croisé le chemin d'Arthur Noyer ? Au carrefour Jean-Jacques-Rousseau ou ailleurs ?

— Au carrefour Jean-Jacques-Rousseau.

— Tu en es certain ?

— Oui.

— Quand vous êtes en voiture avec Arthur Noyer, qu'est-ce qui se passe ? Qu'est-ce que vous vous dites ? Dans quel état est-il réellement ?

— Déjà, quand j'arrive, il est pratiquement au milieu de la route à me faire des signes. J'ouvre ma fenêtre. Il demande si je peux le déposer. Il monte. Il est agacé, il me dit qu'il a passé une soirée de merde, qu'il s'est fait voler son téléphone. Il me dit : "J'aurais bien fini avec une petite poulette."

— Pourquoi tu t'arrêtes sur le parking de Saint-Baldoph ?

— Il me demande de m'arrêter là.

— Y avait-il de la lumière sur le parking ?

— Non.

— Un véhicule qui passait pouvait-il voir quelque chose ?

— Je ne pense pas, non.

— Ce n'est pas non plus l'embouteillage, à 3 heures du matin à Saint-Baldoph… Tu n'as pas choisi cet endroit pour tuer le malheureux Arthur Noyer ?

— Non.

— Si c'était le cas, tu aurais choisi un autre endroit j'imagine ?

— Oui.

— Après la mort d'Arthur Noyer, il y avait une seule chose à faire. C'est contacter la police, les secours. Explique !

— J'étais choqué de la situation, j'ai fait le mauvais choix.

— Je te repose la question pour la dernière fois. Est-ce que tu as autre chose à dire, un complément ? On sait que tu as tué Arthur Noyer. C'est une vérité actée. Ensuite, c'est le pourquoi…

— Ce que j'ai dit, c'est ce qui s'est passé. Il n'y avait rien de sexuel. Rien du tout. »

Me Jakubowicz tente de comprendre ce qui a fait basculer son client en 2017, l'année où se sont déroulés tous les faits dont ce dernier est accusé – meurtre d'Arthur Noyer, enlèvement et meurtre de Maëlys, agressions sexuelles sur les petites-cousines. « Cette année-là, tu as 34 ans. L'unique fait délictuel pour lequel tu as été condamné remonte à neuf ans plus tôt. On sait que tu as tous les éléments pour être un homme heureux : une famille aimante, des amis que beaucoup de gens aimeraient avoir, un certain succès avec la gent féminine… un grand poil dans la main également, mais rien qui prédestine au cataclysme qui se produit pour toi et surtout pour les autres. Quelle a été la rupture ? » Nordahl Lelandais n'a rien d'autre à répondre qu'il « sentait qu'[il] n'avançait pas dans [sa] vie ». « C'est un enchaînement d'événements qui fait que je me perds tout seul. »

À l'issue de presque quatre heures d'interrogatoire, le président libère l'assistance pour une pause déjeuner. Vers 14 h 45, Sébastien, 42 ans, vient rapidement raconter à la barre avoir pris en stage Arthur Noyer lors de son BTS Commerce. « Il était festif oui, il était jeune ! Il était très agréable. Il pouvait être sanguin, mais pas méchant », témoigne Sébastien, qui cède ensuite sa place à Jean-Benoît, 34 ans. Aujourd'hui capitaine dans l'armée de Terre, ce dernier était à l'époque des faits lieutenant et chef de section d'Arthur Noyer.

« Je commandais trente à quarante personnes. Je l'ai eu pendant deux ans et demi sous mes ordres. Pendant trois années successives, il a été noté Alpha 1, une notation exceptionnelle. Il n'y en a que deux ou trois par section qui ont ce genre de notation. De première classe, il est passé caporal en deux ans et demi, ce qui prouve que c'était un très bon élément, aux grandes compétences et à l'état d'esprit reconnu », explique le militaire, qui ajoute qu'Arthur Noyer « avait fait une demande pour devenir sous-officier et prendre plus de responsabilités ». « Cette demande avait été acceptée, il devait entrer à l'école en 2017 ou en 2018. »

Jean-Benoît décrit Arthur Noyer comme « un ciment de [sa] section » de l'époque. « Il avait la confiance de ses chefs, et notamment la mienne. C'est quelqu'un sur qui je pouvais compter. En juin 2017, nous sommes partis en opération extérieure. Arthur devait faire partie de cette mission. J'avais fait la demande pour qu'il soit le référent humain auprès de ses camarades, celui qui est à l'écoute, qui peut détecter la personne qui va mal. » À en croire le capitaine, Arthur Noyer était « très respectueux de l'autorité et de la hiérarchie, mais pas "militaire pomme de terre" pour autant ; il marchait à l'adhésion ».

L'officier ne nie pas que le disparu était de nature festive. « Une section, c'est trente à quarante jeunes de 18 à 30 ans. Ils sont comme tous les jeunes, ils aiment faire la fête. C'est quelque chose avec laquelle il faut travailler quand on est chef de section. Je ne sortais pas avec mes hommes au Carré Curial. En revanche, on prenait parfois des pots, on passait des bons moments. Ce que je leur demandais, c'était d'être dignes et opérationnels le lendemain. Parfois, je les emmenais faire un footing alpin dans les montagnes avec sept cents mètres de dénivelé ! »

Le 12 avril 2017, Jean-Benoît s'étonne tout de suite de l'absence d'Arthur Noyer. « Il n'était pas coutumier des retards. Ça peut arriver qu'il manque un gars, on ne s'excite pas tout de suite, mais effectivement ça nous a interrogés. » Il assure ne pas avoir pensé une seule seconde à l'hypothèse d'une désertion. « Je ne vois pas pourquoi il aurait déserté ! » s'exclame le témoin. Lors des jours qui ont suivi la disparition du jeune homme, la section « s'est tenue à disposition pour aider à ratisser » les environs, et l'a d'ailleurs fait « quand la gendarmerie l'a sollicitée ». « Spontanément, on aurait aimé faire plus », mais les militaires ne voulaient pas gêner l'enquête, précise Jean-Benoît. « Peut-être que certains camarades ont pris des initiatives ponctuelles, mais c'était hors cadre officiel. »

Trois jeunes gens, Jean-Baptiste, Mathilde et Clarisse, ferment le bal des témoignages des proches d'Arthur Noyer. Le premier, âgé de 27 ans, a fait le voyage depuis la Polynésie française, où il est ingénieur en bureau d'études techniques (BET) structure, pour témoigner en ce vendredi 7 mai. « J'ai atterri dimanche dernier pour la durée du procès. Quand la famille Noyer m'a demandé si je voulais intervenir comme témoin, la visioconférence a été suggérée. Mais ça me paraissait inconcevable de faire ça en visio », précise Jean-Baptiste, qui explique qu'il considère toujours le disparu « comme [son] meilleur ami, comme [son] frère ».

« J'ai rencontré Arthur au collège. On a vraiment commencé à se fréquenter en quatrième, et en troisième on est devenus inséparables. On n'était pas forcément très scolaires, mais on était appréciés par les profs car on était joyeux et agréables à vivre. » Les deux garçons ne fréquentent pas le même lycée, mais leur relation n'en pâtit pas pour autant. « On a vécu beaucoup de moments ensemble. On aimait le contact humain, parler aux autres, rigoler. Arthur était souriant, très joyeux, toujours à faire des blagues, discuter, échanger. Il aimait aller vers les autres, et les autres allaient vers lui. S'il y avait une difficulté, il préférait percer l'abcès dès le début et en discuter. Ce n'était pas quelqu'un de rancunier. »

Mathilde, 26 ans, a quant à elle fait ses études dans le même collège puis dans le même lycée qu'Arthur Noyer. « On était dans la même classe en première et en terminale. On a rapidement sympathisé. C'était quelqu'un de très drôle, je me souviens de nos fous rires à en pleurer ! Au lycée, il était apprécié de tous. Dans la cour, il connaissait tout le monde et tout le monde le connaissait. Il n'était pas très scolaire, mais il respectait les profs et s'entendait bien avec les surveillants. »

La relation des deux jeunes gens s'approfondit avec les années, mais reste purement amicale, insiste Mathilde, aujourd'hui assistante commerciale. « C'était un ami avec lequel j'étais moi, vraiment moi. C'était vraiment quelqu'un avec lequel je me sentais bien. J'avais une grande confiance en lui. Il était apaisé et apaisant ; j'étais plutôt une grande stressée et il me disait souvent : "Math, zen, cool, respire !" On discutait pendant des heures, on allait faire des footings et des cinés, on sortait dans des bars... Il ne m'a jamais laissée rentrer seule, il m'a toujours raccompagnée. »

Quid du choix de l'armée fait par Arthur ? Aux yeux de Jean-Baptiste, « c'était la meilleure période » du fils aîné de la famille Noyer. « Avant, il se cherchait ; ses études ne lui correspondaient pas. Le jour où il a intégré l'armée, tout a changé. Je ne l'ai jamais vu aussi bien que pendant cette période. » Mathilde renchérit : « Quand il est entré à l'armée, je l'ai vraiment senti bien. Il avait vraiment trouvé sa voie. À côté de ça, il restait très attaché à sa famille, il rentrait régulièrement à Bourges. » *Quid* de la consommation d'alcool du jeune homme ? « Comme tous les jeunes de son âge. Il n'en était que plus joyeux ! Il avait l'alcool joyeux ou qui l'endormait », assure Jean-Baptiste. *Quid* de son attachement à son portable ? « Accro du téléphone, Arthur ? Au contraire ! Essayer d'avoir des nouvelles par téléphone, c'était toujours compliqué. Son portable était très secondaire à ses yeux. Il le cassait constamment, en changeait souvent. »

Quid, enfin, de sa vie amoureuse ? « Il a eu des relations avec des filles, mais c'était des amourettes. Elles n'ont jamais duré longtemps, sauf une », souligne Jean-Baptiste, qui n'a pas du tout retrouvé son ami dans une des phrases que lui a attribuée Nordahl Lelandais lors de son interrogatoire. « "Finir la soirée avec une petite poulette", ça ne lui correspond absolument pas. Ce n'était pas le genre de vocabulaire qu'il employait habituellement. C'était quelqu'un de très gentleman de par son éducation. »

La jeune femme qui fut la seule compagne sérieuse d'Arthur Noyer confirme d'ailleurs à la barre les propos de Jean-Baptiste et Mathilde. « J'ai rencontré Arthur quand j'étais en seconde. Je le connaissais de loin. En terminale, on s'est rapprochés et on est sortis ensemble. C'était quelqu'un de gentil, jovial, très doux, très tendre. Arthur, c'était la joie de vivre, la bonne humeur, l'humour. Il aimait danser et être avec ses amis. Il aimait les gens, tout simplement », raconte Clarisse, âgée de 27 ans et salariée à Paris dans le secteur des ressources humaines. La relation entre les deux jeunes gens « a duré environ deux ou trois ans en cumulé. Il y a eu quelques séparations. Ça s'est terminé fin 2015. C'est lui qui y a mis un terme ; il m'a dit qu'il n'avait plus de sentiments. On ne s'est pas revus après, on s'est écrit quelques SMS, rien de plus. »

Au début du mois d'avril 2017, Arthur Noyer se déplace à Clermont-Ferrand pour rendre visite à Jean-Baptiste. « Il m'a fait part de ses projets [le départ en Opex, l'entrée en école de sous-officiers, NDLA]. J'étais heureux comme pas possible de le voir aussi épanoui », répète le témoin. Alors, quand, dix jours plus tard, Quentin Noyer l'appelle pour lui dire que son frère a disparu, Jean-Baptiste tombe des nues. « On a l'impression que c'est le genre d'événements qui n'arrivent que dans des films. J'ai directement pris la route pour Chambéry. Au début, on se disait qu'on allait peut-être le retrouver. Les recherches ont été rudes », se souvient celui qui doit finalement se résoudre à rentrer en Auvergne sans avoir de nouvelles de son meilleur ami. « Toute la période qui a suivi, ça a été l'incompréhension. J'aurais aimé faire plus. Je me suis senti terriblement impuissant. Et puis le jour où on a appris ce qui s'est passé… C'est comme se prendre un marteau sur la tête. »

Le procès Noyer, jour 6

Lundi 10 mai, 9 h 11. Après un week-end de pause, bienvenu tant le rythme de l'audience est intense, le procès de Nordahl Lelandais pour le meurtre d'Arthur Noyer reprend à Chambéry. Magistrats, jurés, avocats, parties civiles, forces de l'ordre, journalistes et public sont de retour, en nombre, pour assister à la dernière partie de l'audience.

La cour d'assises de la Savoie entend d'abord deux psychologues cliniciennes qui ont réalisé une « expertise à quatre mains » de l'accusé. Hélène Dubost et Magali Ravit se sont entretenues avec Nordahl Lelandais à neuf reprises. La première précise l'avoir rencontré trois fois à l'unité d'hospitalisation spécialement aménagée (UHSA) du Vinatier, entre février et mai 2018. « Lors de notre premier contact, il a été extrêmement distant et froid. Il s'est montré très attentif aux questions que je posais et aux notes que je prenais. Il me rectifiait s'il considérait que je n'avais pas noté ce qu'il fallait. J'étais face à quelqu'un dans la maîtrise, le contrôle, qui ne s'exprimait pas de manière spontanée. Lors des deuxième et troisième entretiens, il s'est un peu détendu », raconte Hélène Dubost, qui précise que Nordahl Lelandais était alors sous traitement médicamenteux.

Magali Ravit a, quant à elle, vu le trentenaire cinq fois. La séance du 16 février 2018 l'a particulièrement marquée, et pour cause : deux jours plus tôt, le mis en cause avait avoué avoir tué la petite Maëlys et avait conduit les autorités sur le lieu où il avait déposé le corps. « Il était écroulé, effondré, se souvient l'experte. Je pense que jusqu'ici, avec la médiatisation, il avait plus l'impression d'assister à sa vie que de vivre sa vie. »

Les deux psychologues décrivent un homme « très proche de sa mère ». « Elle est pour lui un soutien indéfectible, une présence rassurante. "Je l'adore", dit-il. Ce qu'il livre de son père est un peu différent. Ce père apparaît plus en retrait, effacé, voire un peu absent, en tout cas peu étayant aux plans affectif et éducatif », souligne Hélène Dubost. « Le domicile de ses parents est un repère extrêmement important pour lui. Quand il est à plus de cinquante kilomètres de chez ses parents, c'est une zone où il se sent insuffisamment étayé », ajoute Magali Ravit.

Évoquant le « parcours scolaire médiocre » puis le « parcours professionnel chaotique » de Nordahl Lelandais, la première experte rappelle son engagement dans l'armée au sein d'une unité cynophile puis son enchaînement de petits boulots, dont la création d'une société de dressage canin. L'occasion de se pencher sur la passion du principal intéressé pour les chiens. « Le chien est un animal qui fait partie de moi », a-t-il déclaré à Hélène Dubost, qualifiant par ailleurs son chien Tyron, mort début 2018, d'« amour de sa vie ». La psychologue relève chez lui « une idée de ne jamais être déçu par les animaux, d'être entouré par des ressources indéfectibles, d'être aimé pour toujours et à jamais ».

Sur le plan affectif, Hélène Dubost insiste sur les « nombreuses relations » entre lesquelles Nordahl Lelandais « *switchait* ». « La question de la séparation est particulièrement problématique et douloureuse pour lui », note-t-elle. « Il est très sensible à la séparation et va se consoler par des liens d'attachement *secure*, des "bouées affectives" qu'il organise autour de lui pour ne jamais se retrouver en situation de vulnérabilité affective », renchérit Magali Ravit. *Quid* de ses relations homosexuelles ? « Il dit qu'il a plus de plaisir avec les femmes, mais qu'il a voulu découvrir autre chose. Il a une attirance pour ce qui est nouveau », continue la psychologue.

Magali Ravit décrit par ailleurs l'accusé comme « une personne qui peut être parfois dans une espèce de surenchère d'excitation pour être dans une dynamique de surpuissance ». Corollaire de cette attitude : le risque d'être « vite déçu, blessé ». Recherche-t-il la « dominance » ? veut savoir Me Boulloud, l'avocat des Noyer. « Je pense que c'est un sauvetage narcissique permanent. Il ne supporte pas les situations de vulnérabilité. Il utilise tout ce qui est possible pour être campé dans une situation de contrôle », répond l'experte.

« Est-ce qu'en rencontrant Nordahl Lelandais, vous avez vu un homme ou un monstre ? Est-ce que ce que vous avez lu et entendu dans les médias correspond à ce que vous avez vu ? » demande Me Jakubowicz pour conclure.

« Nordahl Lelandais est tout de même un être humain », répond Hélène Dubost, qui tient à se « distancier » de ce qui peut être dit dans la presse. « La médiatisation, ça me met très mal à l'aise en tant qu'expert », renchérit Magali Ravit.

Après une courte pause, le ballet des experts reprend avec un psychiatre, François Danet, qui s'exprime au nom d'un collège de trois médecins ayant examiné l'accusé. Décrivant « une atmosphère plutôt satisfaisante » lors des rendez-vous avec deux des experts, François Danet note toutefois que des « tensions » sont apparues lors des entretiens avec le troisième psychiatre. « Nordahl Lelandais n'a eu aucune réticence à nous parler, mais l'essentiel de ses réponses est resté très peu informatif, notamment sur les questions émotionnelles », estime le psychiatre.

« C'est quelqu'un d'intelligent, mais qui n'a pas les ressources émotionnelles pour évoquer ses difficultés », continue l'expert, qui pense que le mis en cause a développé une forme d'autoprotection lui permettant d'éviter un « effondrement ». C'est d'ailleurs dans cette optique que Nordahl Lelandais a « tenté de contrôler tous les entretiens » menés par les psychiatres, estime encore François Danet. « Si manipulation il y a, c'est pour ne pas s'effondrer », insiste-t-il.

Reprenant chronologiquement la vie de Nordahl Lelandais, François Danet décrit une « grande vulnérabilité qui peut se caractériser dans un parcours chaotique ». Ses collègues et lui ont détecté « deux fonctionnements en parallèle qui ont du mal à se rejoindre », avec d'un côté « des comportements adaptés » de Nordahl Lelandais dans son environnement, et de l'autre côté « une facette beaucoup plus sombre ». Et l'expert de citer l'« instabilité » du trentenaire, son abus de drogues, les faits qui lui sont reprochés…

Au moment de ces faits, l'accusé « n'était pas atteint d'un trouble ayant aboli ou altéré son discernement », déclare François Danet, qui estime que Nordahl Lelandais ne présente « pas de dangerosité psychiatrique » – puisqu'il n'est atteint d'aucune maladie mentale – mais une « dangerosité criminologique au regard des faits qui lui sont reprochés ». Il préconise un suivi sociojudiciaire combiné à un suivi psychiatrique et une injonction de soins.

À sa suite, un autre psychiatre, Patrick Blachère, confirme que le mis en cause n'est pas « un malade mental » et que son discernement n'a été ni altéré ni aboli. Toutefois, il « présente un trouble grave de la personnalité, à la fois dyssociale, *borderline* et narcissique », assure l'expert, qui souligne que la « dangerosité » de Nordahl Lelandais « lui paraît importante ».

Après avoir diffusé des photos de la reconstitution du meurtre d'Arthur Noyer, le président invite l'accusé à réagir aux propos qui ont été tenus au cours de la journée d'audience. « Pour moi, il y a certaines choses qui ne sont pas vraies, par exemple le manque d'empathie », commence le mis en cause. « J'ai exprimé à plusieurs reprises les remords que j'avais. Tous les jours, je travaille sur tout ce qui a été dit. » Le magistrat insiste, prévenant Nordahl Lelandais qu'il « n'aura plus beaucoup la parole dans cette audience ». Mais le principal intéressé s'en tient à sa position. « Ce que je vous ai expliqué, c'est ce qui s'est passé. Je présente encore toutes mes excuses à la famille d'Arthur Noyer. Je sais qu'ils auront du mal à les [entendre], j'en suis bien conscient. »

Avant de suspendre l'audience pour la soirée, le président fait un point sur la situation de l'accusé en détention. Incarcéré en quartier d'isolement à la prison de Saint-Quentin-Fallavier, Nordahl Lelandais est décrit comme « poli et courtois avec les personnels de surveillance ». « Peu ou pas d'incidents disciplinaires » ont été relevés, note le magistrat. Le Savoyard prend des cours par correspondance et a pour projet de passer le diplôme national du brevet en juin. « Je m'intéresse beaucoup à l'histoire », précise-t-il spontanément.

Le trentenaire bénéficie par ailleurs de visites d'un aumônier ainsi que de parloirs lors desquels il voit sa mère ainsi que sa « compagne ». À ce mot, les bancs de la presse se mettent à bruisser. Nordahl Lelandais serait-il en couple ? Me Jakubowicz ne laisse pas le doute s'installer. « Je voudrais apporter une précision sur cette prétendue compagne. C'est une dame beaucoup plus âgée que lui qui s'est prise d'une forme d'empathie pour lui, qui a échangé avec lui puis a souhaité le rencontrer pour pouvoir, entre guillemets, le sortir de son isolement. » Son client précise : « C'est une dame qui m'apporte son soutien. »

Le procès Noyer, jour 7

Arrive le mardi 11 mai. S'agit-il du dernier ou de l'avant-dernier jour du procès de Nordahl Lelandais pour le meurtre d'Arthur Noyer ? La veille, le président de la cour d'assises de la Savoie a prévenu que, « en toute logique », la cour et les jurés devraient délibérer « dans la foulée » des plaidoiries et des réquisitions prévues ce mardi, « sauf si » ces dernières se prolongent trop tardivement. C'est dans ce contexte incertain qu'à 9 h 04 Me Bernard Boulloud, l'avocat de la famille Noyer, se lève et entame sa plaidoirie. De l'autre côté de la salle, dans son box, l'accusé l'écoute attentivement.

« Quatre ans et vingt-neuf jours après la mort d'Arthur, à l'issue de sept jours d'audience, Nordahl Lelandais reste toujours campé droit dans ses bottes, dans sa vérité, dont seul lui-même dans cette salle d'audience reste encore intimement convaincu. Quatre ans et vingt-neuf jours pour apprendre sa pièce de théâtre, sept jours pour nous la réciter. Nordahl Lelandais se terre dans ses mensonges et ne dira jamais, au grand jamais, la vérité sur les circonstances de la mort d'Arthur Noyer, juste pour sauver sa peau, juste par lâcheté. Il se fiche éperdument de la souffrance des autres [...] ; il invoque sa souffrance à lui pour attendrir la cour, les jurés, pour justifier son silence. Son silence, ses mensonges, ne sont finalement qu'un leurre destiné à tromper la justice et même les experts, qu'il a par ailleurs vainement tenté de manipuler. [...] La vérité, il n'a pas envie de nous la dire. Parce qu'il tomberait inévitablement pour le dossier Maëlys », commence Me Boulloud.

« Rappelons qu'il n'est pas un monstre. Les monstres, ça n'existe que dans les livres. C'est un homme que vous avez à juger aujourd'hui. À cause de lui, Arthur – ou du moins ce qui reste de lui, peu de choses, quelques ossements retrouvés par les enquêteurs dont certains portent encore les stigmates des animaux sauvages – est maintenant enterré dans un cimetière qui surplombe Bourges. Arthur qui était plein de vie, jovial, blagueur, galant, pacifique. Arthur qui était une boussole pour les autres. Arthur qui était passionné par son métier, l'armée, qui était sa seconde famille. [Au portrait du jeune homme disparu] Oui, Arthur, Nordahl Lelandais t'a tué, volontairement. [Aux juges et aux jurés] Après avoir entendu, pendant sept jours, témoins, experts, famille, Nordahl Lelandais lui-même, c'est au fond de vous-même que vous allez forger, que vous avez peut-être déjà forgé, que vous finirez de forger votre conviction », s'écrie l'avocat, qui ajoute que la famille Noyer « respectera le verdict que vous rendrez en fin de journée ».

Après avoir tenté pendant une heure de démontrer les incohérences du récit de Nordahl Lelandais, Me Boulloud cède la parole à l'avocate générale Thérèse Brunisso. « Je crois pouvoir dire que nous avons collectivement bien travaillé. Le défi pour cette cour était que ce procès puisse se mener comme un procès ordinaire dans un contexte exceptionnel. Les débats se sont tenus avec sérénité la plupart du temps, à l'abri du tumulte, de l'agitation extérieure. C'était l'objectif que nous avions et je crois que nous y sommes parvenus », commence la représentante de l'accusation. Dans son introduction, la magistrate a un mot pour les deux familles concernées par cette audience. « Un procès criminel, c'est toujours un concentré de souffrances. Perdre son enfant, c'est toujours terrible ; mais être privé du corps de son enfant... C'est une violence inouïe qui a été infligée aux époux Noyer », lance-t-elle d'abord, avant d'ajouter que « de l'autre côté de la salle, on souffre aussi ». « Quand on est la mère ou la sœur d'un criminel, on n'a pas l'opinion publique derrière soi. On est seule, très seule. »

Avant de se lancer dans sa démonstration, Thérèse Brunisso appelle les jurés à se « dépolluer » de tout ce qu'ils ont pu lire, voir et entendre avant le début de l'audience. Elle évoque d'ailleurs succinctement le sujet de la cellule Ariane. « Certains pensent que si [Nordahl Lelandais] a tué deux fois, il a pu tuer davantage. À ce jour, Nordahl Lelandais n'est lié ni de près ni de loin à aucune autre disparition », insiste-t-elle, soulignant que l'accusé comparaît aujourd'hui uniquement pour le meurtre du caporal. « Vous allez juger un homme accusé du meurtre d'Arthur Noyer, et qui est par ailleurs mis en examen pour le meurtre aggravé d'une enfant et des agressions sexuelles sur mineures, ainsi que pour la détention d'images pédopornographiques. Point, j'ai envie de dire. »

Première difficulté dans cette affaire Noyer : l'absence de corps et de scène de crime – l'avocate générale n'est d'ailleurs pas convaincue que le meurtre du jeune militaire a eu lieu à Saint-Baldoph, comme l'avance l'accusé. *Quid* du mobile ? « Le mobile sexuel est à mes yeux le seul que l'on puisse retenir au vu des éléments du dossier », affirme-t-elle. Cette hypothèse est d'ailleurs partagée par de nombreux acteurs du dossier. Si elle est vraie, pourquoi l'accusé ne l'admet-il pas ? « Peut-être, comme le disait un psychiatre, par peur inconsciente d'un effondrement psychique interne, par autoprotection. Ou alors, plus prosaïquement, parce que s'il la reconnaît dans le premier procès, il sera contraint de la reconnaître au cours du procès Maëlys. Il y a évidemment pour lui un enjeu tout à fait considérable. »

Quid, ensuite, de la qualification juridique des faits reprochés à Nordahl Lelandais ? Aux yeux de l'avocate générale, pas de « coups mortels ayant entraîné la mort sans l'intention de la donner » qui tiennent. L'accusé n'a pas « tué malgré lui », son « intention homicide » était claire, estime-t-elle, citant la « violence extrême » des coups portés à Arthur Noyer, mais aussi la déconnexion des téléphones, la dissimulation du corps… Autant d'éléments qui, ajoutés à la personnalité du mis en cause, conduisent Thérèse Brunisso à réclamer une peine de trente ans de réclusion criminelle assortie d'une période de sûreté des deux tiers à l'encontre de Nordahl Lelandais, qu'elle qualifie de « dangereux ».

À la reprise de l'audience, en début d'après-midi, ce sont d'abord deux jeunes avocats qui se lèvent. Me Mathieu Moutous et Me Valentine Pariat, qui travaillent aux côtés de

Me Alain Jakubowicz, plaident chacun quelques minutes. Me Moutous évoque notamment le « déferlement médiatique » qui s'est produit autour de Nordahl Lelandais. « Son procès ne s'est pas ouvert le 3 mai 2021, mais le 31 août 2017 », date de son arrestation dans l'affaire Maëlys, affirme l'avocat. « Ce jour-là, Nordahl Lelandais a disparu ; il est devenu un monstre. » Me Pariat revient quant à elle sur la vie sexuelle du trentenaire. « Parce qu'on a des besoins sexuels importants, on est forcément un prédateur sexuel ? » s'interroge-t-elle, dénonçant un « raccourci ».

À son tour, Me Jakubowicz prend la parole. En quelques phrases, il rappelle aux juges et aux jurés que c'est pour le meurtre d'Arthur Noyer que Nordahl Lelandais comparaît devant eux depuis désormais sept jours, et que « le temps du procès [Maëlys] viendra ». Multipliant les piques contre « une certaine presse », il réaffirme en élevant la voix : « Ce n'est pas un monstre que vous jugez, c'est un homme ! » Un homme qui « a sombré » en 2017, argumente l'avocat. « On ne peut pas comprendre [l'affaire] si on ne comprend pas cette rupture », cette triple addiction de son client à l'alcool, à la cocaïne et au sexe, souligne l'avocat lyonnais.

Un homme qui, selon Me Jakubowicz, a bien tué Arthur Noyer dans la nuit du 11 au 12 avril 2017, mais qui n'avait pas d'intention homicide. « Oui, Nordahl Lelandais a tué. [Mais] il n'avait aucune raison de tuer Arthur Noyer », estime l'avocat, qui rejette l'éventualité d'un mobile sexuel. « Si Nordahl Lelandais avait eu une pulsion sexuelle ce soir-là, il avait à sa disposition un plan homme et un plan femme. Il n'avait pas besoin du malheureux Arthur Noyer. Et même si le mobile était sexuel, *so what ?* Ça montre qu'il avait envie d'une relation sexuelle, pas qu'il voulait tuer Arthur Noyer. »

Un homme qui, conclut son conseil, doit être condamné pour « violences ayant entraîné la mort sans intention de la donner » mais pas pour « homicide volontaire ». « À la question "Nordahl Lelandais a-t-il volontairement tué Arthur Noyer ?", vous répondrez non. Votre intime conviction doit vous conduire à répondre non », lance l'avocat aux juges et aux jurés. « Jugez fermement mais jugez justement. »

À la suite de Me Jakubowicz, Nordahl Lelandais se lève pour ses derniers mots. Les deux salles, celle dans laquelle l'audience se joue et celle dans laquelle le procès est retransmis, retiennent leur souffle. « Je tiens vraiment à vous présenter mes excuses. Je sais que le pardon n'est pas une formule magique ; pour moi il est vraiment nécessaire. Je n'ai jamais voulu ça. Jamais, jamais. Je présente mes plus sincères excuses à la famille Noyer, aux amis [du disparu], à vous M. Arthur Noyer. »

Il est 16h30 à Chambéry et le président de la cour d'assises de la Savoie suspend l'audience. Juges et jurés partent délibérer. Pour les autres, l'attente commence. En sortant du palais de justice, Me Jakubowicz s'arrête quelques instants devant les médias, contrairement à ses habitudes. Saluant « un procès de haute tenue, avec beaucoup d'intensité et une immense sérénité », il rend hommage « à notre Justice qui sait prendre le temps d'analyser les choses, d'analyser les âmes parfois ; aux magistrats professionnels ; aux jurés auxquels nous, avocats, sommes tant attachés et qui sont essentiels dans notre justice criminelle ; à la loyauté de l'avocate générale ; à la famille Noyer qui a fait preuve d'une dignité infinie au cours de ce procès ».

Vers 22h30 commence à courir la rumeur de l'imminence du verdict. Chacun reprend sa place. Las, il faut encore patienter une heure pour voir, enfin, l'accusé puis les juges et les jurés faire leur retour. Après sept heures d'attente, tout s'accélère, et le verdict tombe. Jugé coupable d'avoir volontairement donné la mort à Arthur Noyer, Nordahl Lelandais est condamné à une peine de vingt ans de réclusion criminelle assortie d'une période de sûreté des deux tiers. À cette peine, moins sévère que celle réclamée par l'avocate générale, s'ajoutent une interdiction de détenir une arme pendant quinze ans ainsi qu'un suivi sociojudiciaire de dix ans.

Vient ensuite l'audience civile. Me Boulloud demande à la cour d'accorder 90000 euros de dommages et intérêts à Didier Noyer, la même somme à Cécile Noyer, 40000 euros à Quentin Noyer et 20000 euros à chacun de trois grands-parents encore vivants de la victime. Après avoir très brièvement délibéré, les magistrats décident de condamner Nordahl Lelandais à verser 45000 euros à chacun des parents Noyer, 30000 euros au frère d'Arthur et 18000 euros à chaque grand-parent. Minuit vient de sonner, et c'en est terminé du procès de Nordahl Lelandais pour le meurtre d'Arthur Noyer.

À l'extérieur du palais de justice, le travail des journalistes n'est cependant pas fini. Il leur reste à recueillir les réactions des protagonistes qui acceptent de s'exprimer. « Il n'y a pas de victoire et il n'y a pas de défaite. Je crois que ce fut un beau moment de justice », lance Me Jakubowicz, qui regrette toutefois de ne « pas avoir été suivi dans ce qu'[il a] plaidé ». Nordahl Lelandais est « surtout soulagé que ce procès soit terminé », ajoute l'avocat, qui précise que son client ne fera pas appel. De son côté, le père d'Arthur

Noyer se dit « globalement satisfait » de la décision rendue par la cour d'assises de la Savoie. « Qu'il y ait quinze, vingt ou trente ans, ça ne nous ramènera pas Arthur. Nous, on voulait que la société, le système, tout le monde reconnaisse que c'était un meurtre, que notre fils avait été victime. C'est fait. »

Quid des parents de Maëlys, ainsi que de ceux de Jeanne et Fanny, qui ont suivi le procès à distance ? « Ils prennent acte de la décision qui a été rendue », répond Me Caroline Rémond, l'avocate des petites-cousines. « Ils ont trouvé le verdict rendu par la cour d'assises plutôt clément », souligne quant à lui Me Fabien Rajon, le conseil de la famille De Araujo.

Vers le procès Maëlys

Son ombre a plané pendant sept jours sur le procès du meurtre du caporal Noyer, sans pour autant l'étouffer. Cette ombre, c'est évidemment celle de la petite Maëlys, la fillette dont le sort a bouleversé la France entière. « C'est Maëlys qui a fait que je me suis intéressée au procès » du meurtre d'Arthur Noyer, reconnaît aisément Patricia, une étudiante en droit de 22 ans croisée début mai dans la queue qui s'étirait chaque jour un peu plus devant le palais de justice de Chambéry. « Mais l'affaire Arthur est tout aussi dramatique », ajoute la jeune femme.

Le procès de l'enlèvement, de la séquestration et du meurtre de la petite fille, prévu du 31 janvier à mi-février 2022 au palais de justice de Grenoble, s'annonce particulièrement suivi. « Tu avais tellement de belles choses à vivre… Je vais me battre pour que justice te soit rendue », prévient Jennifer Cleyet-Marrel, la mère de Maëlys, dans un post Facebook publié à la fin du mois d'août 2021, à l'occasion du quatrième anniversaire de la disparition de sa fille. « Je serai forte pour toi », promet la jeune femme, qui qualifie Nordahl Lelandais d'« assassin » [pour rappel, Nordahl Lelandais est renvoyé aux assises pour le « meurtre » et non l'« assassinat » de la petite fille, NDLA].

« Mes clients attendent très peu de Nordahl Lelandais, mais beaucoup de la justice », complète Me Fabien Rajon, qui « n'attend pas grand-chose non plus » de l'accusé. « Ils savent que toutes les avancées qui ont eu lieu lors de l'instruction sont dues à des investigations techniques, au travail des enquêteurs et des magistrats, mais qu'il n'y a aucune avancée réelle vers la vérité qui est directement, spontanément venue de Nordahl Lelandais. Ils ont aussi suivi le procès Arthur Noyer, et ils craignent que, comme à Chambéry, l'accusé ne fasse que camper sur ses positions. » Toujours très « meurtris », les proches de Maëlys abordent ce procès comme « une épreuve », mais « entendent ne pas [la] subir », préférant « jouer un rôle actif » à l'audience.

Jennifer Cleyet-Marrel, en particulier, « souhaite mettre [le mis en cause] devant ses responsabilités et devant ses mensonges », précise Me Rajon. De son côté, Joachim De Araujo sera défendu par son propre conseil, les parents de Maëlys ayant divorcé au cours de l'instruction. « Certes, ils sont séparés, mais ils arrivent sans problème à faire la part des choses et à préparer cette audience en bonne intelligence », souligne l'avocat. « Au-delà du cas particulier de leur fille, tous deux veulent protéger la société de Nordahl Lelandais, un individu décrit comme dangereux par les rapports psychiatriques. »

Sur le banc des parties civiles, aux côtés de Me Fabien Rajon, de son collaborateur Me Armel Juglard, du conseil de Joachim De Araujo et de Me Caroline Rémond, l'avocate des petites-cousines et de leurs parents, prendra place Me Yves Crespin, représentant de l'association l'Enfant Bleu et de la fédération d'associations la Voix de l'Enfant. L'avocat parisien est un habitué des procès « dans lesquels il s'agit d'enfance martyrisée » : les affaires Dominique Cottrez et Francis Evrard, les dossiers des petits Bastien, Gabin, Julien, Yanis… « Nous avons vocation à intervenir dans tous les procès dans lesquels un enfant a été victime. C'est l'occasion pour nous d'apporter nos connaissances sur le sujet, de faire passer des messages pour sensibiliser l'opinion publique et les pouvoirs publics au problème que représente la maltraitance des enfants, et de tirer des leçons des audiences pour faire ensuite des propositions », explique celui qui fêtera bientôt ses cinquante ans de barre.

Pas question, donc, de passer à côté du procès de Grenoble, d'autant plus que Me Crespin reconnaît aisément que « l'écho médiatique » de cette audience est important pour les associations qu'il représente et pour la cause défendue par ces dernières, la protection de l'enfance. « Nous serons là non pas pour prendre la place des familles, mais pour apporter notre soutien à ces dernières », déclare l'avocat, qui est en contact depuis plusieurs mois avec les parents des petites-cousines de l'accusé. « Ce sont des gens qui sont tombés de l'armoire quand les gendarmes leur ont appris l'existence des vidéos. Pour eux, Nordahl Lelandais était un proche, quelqu'un qu'ils aimaient beaucoup. Ils sont dans une sorte de sidération. Ils veulent comprendre. »

Comme son confrère Me Rajon, Me Crespin ne fonde que peu d'espoir sur les déclarations du mis en cause, et préfère « se fier à ce qui a été réuni dans le dossier, aux résultats des investigations, aux témoignages… ». « La seule chose qu'on pourrait attendre de Nordahl Lelandais, c'est qu'il reconnaisse que sa motivation [dans l'enlèvement de Maëlys, NDLA] était sexuelle, mais on en a aucune preuve. Jusqu'à présent, il a nié toute motivation de ce genre, et ce qu'on a retrouvé du corps ne permettait pas d'établir la moindre constatation médico-légale en la matière. On ne peut pas sérieusement soutenir qu'on est certains qu'il a abusé de Maëlys, donc juridiquement, on peut comprendre que les juges n'aient pas suivi la demande des parents », reprend l'avocat, qui se dit toutefois convaincu, à titre personnel, « qu'il y a une coloration sexuelle dans ce dossier Lelandais ».

Les proches de la petite Maëlys en sont tout autant persuadés. « Ce choix des juges d'instruction – qu'on pourrait qualifier de prudent – de ne pas renvoyer Nordahl Lelandais aux assises pour "viol" constitue pour mes clients un regret qu'ils ont exprimé à plusieurs reprises auprès des juges grenoblois. Et je les comprends, même si le Code de procédure pénale ne laisse pas aux parties civiles de marge de manœuvre à ce sujet, confie Me Rajon. Ils ont cette conviction compte tenu des éléments qui ont pu être recueillis dans le cadre de l'information judiciaire et qui caractérisent les penchants pédophiles de l'accusé. Au-delà des qualifications retenues ou non, il est clair que nous ne ferons de toute façon pas l'impasse à l'audience sur cette dimension sexuelle et sur les dérives de Nordahl Lelandais. »

Cet aspect de la personnalité de ce dernier sera évidemment au cœur de la partie du procès consacrée aux petites-cousines que l'ancien militaire est accusé d'avoir agressées sexuellement. « En reconnaissant les actes sur

Fanny et Jeanne, Nordahl Lelandais a démontré un pan de sa personnalité de prédation sexuelle dont on peut estimer qu'il a pu induire ses autres crimes. Mais il a été déclaré coupable pour le meurtre d'Arthur Noyer sans cet aspect-là, et il n'est pas renvoyé là-dessus concernant Maëlys », rappelle Me Caroline Rémond, l'avocate des deux petites cousines et de leurs parents.

Cette partie de l'audience dédiée à Fanny et Jeanne devrait d'ailleurs avoir lieu à huis clos. « Je demande un huis clos sur les faits concernant mes clients, qui souhaitent rester anonymes à ce procès, comme ils l'ont été depuis le début de cette affaire. Ce n'est d'ailleurs pas spécialement pour eux, mais plutôt pour protéger leurs filles, qui, je le rappelle, ne sont pas au courant des faits ! » explique Me Rémond. « Nous comprenons que les parents de Maëlys aient ressenti le besoin de s'exprimer face aux médias. Mes clients n'ont pas fait ce choix ; la médiatisation accroît leur douleur. Ils n'ont pris la parole qu'une seule fois, à visage dissimulé, dans un seul et unique but : inciter d'autres victimes, s'il y en avait, à oser se manifester. Ils se sentaient une sorte de responsabilité », ajoute l'avocate.

« Ça va être un procès extrêmement médiatisé. Pourquoi ? D'abord parce que l'affaire Maëlys a ému. De toute façon, toutes les affaires dans lesquelles les enfants sont victimes émeuvent l'opinion publique. Ensuite parce qu'il y a eu une forme de soupçon ; on s'est demandé si on n'avait pas affaire à un tueur en série. On ne peut rien affirmer, bien sûr, mais ça a germé dans la tête de beaucoup de gens », reprend Me Crespin, qui juge, au vu de ces éléments, que l'intérêt de la presse pour ce dossier n'a rien d'anormal. « Il y a toute une organisation à mettre en place pour ce procès, mais la justice française sait faire. Outre les aspects matériels, l'essentiel, c'est de gérer les personnalités des hommes et des femmes qui vont intervenir à l'audience : magistrats, avocats, accusé, parties civiles, témoins, experts… »

Seul regret de l'avocat parisien : « Que Nordahl Lelandais ne soit pas jugé pour la totalité de son œuvre en une seule fois ». Le conseil de l'Enfant Bleu et de la Voix de l'Enfant aurait préféré qu'une seule audience regroupe toutes les affaires dans lesquelles le Savoyard est mis en cause : les agressions sexuelles sur trois cousines, la détention d'images pédopornographiques, le meurtre d'Arthur Noyer – pour lequel il a définitivement été condamné à vingt ans de réclusion criminelle – ainsi que l'enlèvement et le meurtre de Maëlys De Araujo. « Tous ces dossiers suivent une chronologie, un parcours criminel que l'on va évidemment évoquer aux assises à Grenoble, mais qui sont jugés par morceaux », déplore Me Crespin.

Me Rémond est sur la même ligne. « Personnellement, j'estime qu'on juge un homme pour l'ensemble des faits qu'il est accusé d'avoir commis. Il aurait été d'une bonne administration de la justice de faire comparaître Nordahl Lelandais pour les délits concernant Charlotte en même temps que pour ceux concernant Jeanne et Fanny. » Mais la justice ne l'a pas entendu de cette oreille, et les proches des deux petites filles seront donc seuls aux côtés de ceux de Maëlys sur les bancs des parties civiles. « Il n'y a pas de concurrence entre les parties civiles. Chacun sa douleur…, commente Me Rémond. Mes clients sont conscients de la chance qu'ils ont : leurs filles sont encore vivantes. Mais, à côté de cela, et de leur horreur concernant les faits qui sont reprochés à l'accusé, ils ressentent un fort sentiment de trahison. Ils connaissaient très bien Nordahl Lelandais, ils avaient confiance en lui au point qu'un des couples l'avait choisi pour être le parrain de sa fille ! Ils vivent très difficilement cette position de membres de la famille de Nordahl Lelandais. »

Fin janvier, pour la première fois depuis quatre ans, les parents de Jeanne et de Fanny se retrouveront face à leur cousin. Une « pression » supplémentaire pour ces quatre adultes qui, comme leur conseil, se préparent depuis des mois à ce procès en laissant soigneusement leurs filles à l'écart. « C'est un travail de longue haleine, confie Me Rémond. Mes clients appréhendent vraiment ce moment, et, en même temps, ils ont hâte que ce soit passé. Ils veulent recommencer à vivre sans avoir au-dessus de la tête cette épée de Damoclès que constitue le procès. Ils ont hâte que la justice rende son verdict. Ils ne se positionnent pas sur la question du quantum de la peine, qui appartient à la cour. Ils sont avertis de la possibilité qu'un appel soit interjeté, et ils s'y préparent également. »

Me Rémond et ses clients aimeraient obtenir des « explications » de la part de l'accusé au cours des débats. « La question que se posent les parents de Jeanne et Fanny, c'est : comment a-t-il pu faire ça ? », martèle l'avocate. Les deux couples craignent toutefois que Nordahl Lelandais « n'en donne pas, compte tenu de son attitude générale au cours de l'instruction et du procès de Chambéry ». « Mais l'oralité des débats fait que parfois, on a de vraies surprises. Nous verrons, tout est possible ! », espère malgré tout Me Rémond, qui accompagnera aussi à l'audience la jeune Charlotte et sa mère, toutes deux témoins. « Charlotte est à ce jour la seule victime vivante qui se souvient de ce qu'elle a subi et qui peut témoigner. Elle appréhende de venir à Grenoble et de prendre la parole, mais elle veut soutenir ses cousines. »

De son côté, la cour d'appel de Grenoble se prépare à ce procès depuis plusieurs mois. Le 15 septembre 2021, une réunion a ainsi rassemblé les services de la présidence, du parquet général, du greffe et les avocats impliqués dans le dossier. Au programme : passage en revue de tous les aspects de l'organisation matérielle de l'audience, de la sécurité – recrutement de personnel supplémentaire pour le palais de justice, renforcement de la présence policière aux abords du bâtiment –, au nombre de salles mobilisées – une pour le procès, une pour la retransmission, une pour la presse, une pour les parties civiles... – en passant par les modalités d'accès à l'enceinte judiciaire, les allers-retours quotidiens de l'accusé depuis sa prison, les prises électriques pour les avocats, etc. Un budget de 200 000 euros a été alloué à toutes ces questions logistiques.

À environ 70 kilomètres de Grenoble et de toute cette agitation à venir, Maëlys repose à La Tour-du-Pin, dans la ville où ont eu lieu ses obsèques en juin 2018. Impossible de passer à côté de sa tombe en marbre noir, de loin la plus ornée du tranquille cimetière de cette sous-préfecture de l'Isère. Sous l'inscription « Maëlys De Araujo 5 novembre 2008 – 27 août 2017 », des dizaines d'anges côtoient quelques fleurs, des photos, des peluches, des petites sculptures d'animaux et des plaques commémoratives. « À notre petite-nièce », « Pour tes 10 ans, Mama », « Tu resteras à jamais dans nos cœurs », « Repose en paix »... peut-on lire ici et là.

Le visage de la petite fille est également affiché devant la salle des fêtes du Pont-de-Beauvoisin, où elle a disparu en août 2017. « Justice pour Maëlys » réclament cinq posters placardés sur un panneau de signalisation. À quelques pas, accrochée à une grille, une grande banderole demande en lettres rouges sur fond blanc « La vérité pour Maëlys » et promet : « On ne lâchera pas. » « Nordahl Lelandais a enlevé Maëlys à l'affection de ses proches », déplore Me Crespin, l'avocat de l'Enfant bleu et de la Voix de l'Enfant. « Comment un homme qui, jusqu'en 2017, s'était comporté de manière à peu près normale à part un peu de petite délinquance, un homme qui n'était clairement pas un foudre de boulot mais qui avait des rapports sociaux tout à fait corrects, est-il devenu un criminel ? Qu'est-ce qui a fait basculer cet homme dans la grande criminalité, la plus grave, la plus lourde ? »

C'est ainsi que se termine cet ouvrage : sur un point d'interrogation… ou plutôt plusieurs. Depuis le mariage du Pont-de-Beauvoisin, fin août 2017, de nombreuses questions restent pour l'heure sans réponse. Définitivement reconnu coupable et condamné à vingt ans de réclusion pour le meurtre d'Arthur Noyer par la cour d'assises de la Savoie, Nordahl Lelandais a-t-il par ailleurs enlevé, séquestré et tué Maëlys De Araujo ? A-t-il agressé sexuellement Jeanne, Fanny et Charlotte ? A-t-il détenu et enregistré des images pédopornographiques ? Si la réponse judiciaire à une ou plusieurs de ces trois dernières questions est « oui », de quelles peines écopera-t-il ? Enfin, est-il lié à d'autres affaires criminelles ?

À l'exception de la dernière, qui ne sera jamais totalement close, la justice apportera dans quelques mois ou années une réponse à chacune de ces questions. Une vérité judiciaire s'imposera et permettra, dans certains cas, d'effacer les points d'interrogation. Par quoi ces derniers seront-ils remplacés ? Pas question de point final dans ces dossiers où la souffrance ne disparaîtra jamais complètement. Pas de point d'exclamation non plus : justice n'est pas, ne doit pas être vengeance, mais réparation. Place plutôt aux points de suspension. Ceux qui permettent d'imaginer une autre vie. Pas celle d'avant, pas celle dans laquelle Nordahl Lelandais n'aurait jamais existé, mais une vie tout de même.

Sources

Conférence de presse des parents de Maëlys le 28 septembre 2017, franceinfo (https://www.francetvinfo.fr/faits-divers/disparition-de-la-petite-maelys/ce-que-les-parents-de-maelys-ont-dit-pendant-leur-conference-de-presse_2393832.html)

Conférence de presse des parents de Maëlys et de leur avocat le 8 mars 2018, France 3 Auvergne-Rhône-Alpes (https://france3-regions.francetvinfo.fr/auvergne-rhone-alpes/direct-video-suivez-conference-presse-parents-maelys-ce-jeudi-18h30-lyon-1437007.html)

Conférence de presse du procureur de la République de Grenoble le 30 novembre 2017, BFMTV (https://www.bfmtv.com/replay-emissions/bfm-story/maelys-la-conference-de-presse-du-procureur-de-grenoble_VN-201711300114.html)

Interview de Me Jakubowicz, le 4 décembre 2017, BFMTV (https://www.bfmtv.com/replay-emissions/19h-ruth-elkrief/ruth-elkrief-recoit-alain-jakubowicz_VN-201712040124.html)

Homélie pour les funérailles de Maëlys de Araujo, 2 juin 2018 (paroissesainteanne-38/mediasdoc/2018/06/2018-06-02-Gdk-Funérailles-de-Maëlys-De Araujo.pdf)

Maëlys, de Vitaa et Slimane, « VersuS », août 2019
Soit je gagne, soit j'apprends, d'Alain Jakubowicz, éditions Plon, novembre 2019
« Disparus du fort de Tamié : le crâne retrouvé serait celui d'Ahmed Hamadou », *Le Figaro*, 16 mars 2021 https://www.lefigaro.fr/faits-divers/disparus-du-fort-de-tamie-le-crane-retrouve-serait-celui-d-ahmed-hamadou-20210316
« Enquête sur Nordahl Lelandais : la cellule Ariane n'a pas trouvé à ce jour d'autres victimes présumées », *Le Parisien*, 3 mai 2021 https://www.leparisien.fr/faits-divers/enquete-sur-nordahl-lelandais-la-cellule-ariane-na-pas-trouve-dautres-victimes-possibles-03-05-2021-GMYJ4WYK2BA3PFBFY7GC3RAJCE.php

Remerciements

Un immense merci à toutes les personnes qui ont contribué de près ou de loin à la naissance de ce livre. Elles sont trop nombreuses pour être toutes citées ici, mais se reconnaîtront.

Un merci particulier aux acteurs des si douloureuses affaires évoquées au fil de ces pages qui ont accepté de se confier à moi.

Un autre merci à mes éditeurs, Arnaud Le Guern et Julie Daniel, à toute l'équipe du Rocher et à mon journal *Le Figaro*.

Un dernier merci, enfin, à mes proches qui m'ont apporté leur soutien tout au long de la gestation de ce deuxième ouvrage.

Table

IMPRIM'VERT®

Achevé d'imprimer par CPI,
en décembre 2021
N° d'imprimeur : 167875

Dépôt légal : janvier 2022

Imprimé en France